U0445564

# 向着太阳前进

做最好的团员

郭晓斐 ◎ 著

重庆出版集团 重庆出版社

### 图书在版编目（CIP）数据

向着太阳前进：做最好的团员 / 郭晓斐著. — 重庆：重庆出版社, 2022.4
ISBN 978-7-229-16680-9

Ⅰ.①向… Ⅱ.①郭… Ⅲ.①中国共产主义青年团—共青团员—学习参考资料 Ⅳ.①D29

中国版本图书馆CIP数据核字（2022）第048116号

**向着太阳前进：做最好的团员**

郭晓斐 著

| 出　　品： | 华章同人 |
| --- | --- |
| 出版监制： | 徐宪江　秦　琥 |
| 责任编辑： | 徐宪江 |
| 特约编辑： | 马巧玲　李　敏 |
| 责任印制： | 杨　宁 |
| 营销编辑： | 史青苗　刘晓艳 |
| 装帧设计： | 重庆出版社艺术设计有限公司 |

重庆出版集团
重庆出版社 出版
（重庆市南岸区南滨路162号1幢）
投稿邮箱：bjhztr@vip.163.com
北京盛通印刷股份有限公司　印刷
重庆出版集团图书发行有限公司　发行
邮购电话：010—85869375/76/78转810
全国新华书店经销

开本：787mm×1092mm　1/16　印张：13.75　字数：140千
2022年5月第1版　2022年5月第1次印刷
定价：56.00元

如有印装质量问题，请致电023—61520678

**版权所有，侵权必究**

# 序　言

十分有幸总是与年轻人在一起工作，十年之前，得益于工作之便，撰写了第一版的《做最好的团员》，此后辗转于各地进行调研和学习，等到晋璧东老师联系我商谈再版事宜时，没想到转眼竟是共青团建团 100 周年了。

十年之间，不管是"前浪"还是"后浪"，中国的年轻人创造了一波又一波的浪潮，而且浪浪出彩。当时与我一起工作的有两位"90 后"，都是 1994 年生人，一个对外汉语专业，一个汉语言文学专业，他们视野开阔，待人真诚，求知欲强，绝不是社会传言中"垮掉的一代"，尤其是汉语言文学专业的那位同学，在学习和工作之余，钻研哲学，给一位大学教授写的文章改错、提意见，最后竟让这位大学教授邀请去给他的学生讲哲学。还有一位出生于 1992 年的同学，准确说是前同事，专业基础过硬且认真负责，给我留下了深刻地印象。后来因为要完成的一个课题的时间太紧张，我想聘请他和我一起工作，他半开玩笑说："郭老师，我现在很贵，您请不起我了。"确实，他已经是所在部门的中坚力量了。所以，每当我们几个所谓的前辈与"90后"聊天时，都会感慨地说："现在是你们90后的天下了"，但他们会立马推辞，"'90后'早被拍死在沙滩上了，现在是'00后'的天下"。

不知不觉，"00后"已崭露头角、惊艳登场了，有人说"00后"性格娇气、生活奢侈，这绝对是以偏概全。诚然相对于前辈，现在的物质条件相比以前绝对是发生了翻天覆地的变化，经济发展、科技进步更让"00后"颇具探索精神和创新精神。对他们大多数人来讲，人生的选择依然是"奋斗"，而不是"躺平"。因为从小就接触各种各样的知识，很多人担心新一代年轻人的价值观会不会跑偏，是不是很容易被"洗脑"？实际上，不管是社会上的各种调查，还是我身边的"00后"学生和朋友，他们比我们想象中的要正能量得多，他们与我们一样认同传统美德和主流价值观，甚至在这样一个文化、价值多元的时代，相对于前辈们，"00后"的爱国精神甚至更纯粹。弹指一挥间，他们也将走上更广阔的历史舞台，在各自的岗位上展放光芒，引领世界青年的潮流。

当然，每一代人都曾用激情挥洒青春汗水，让热血释放青春活力。回望历史，虽然经历了或艰险或困苦甚或绝望的岁月，先辈们在他们的青春年华里，仍矢志不改，初心如一，斗志昂扬，百折不挠，为实现中华民族"从站起来、富起来到强起来的历史性飞跃"抛头颅、洒热血。而今，世界百年未有之大变局加速演进，中华民族伟大复兴的进程进入关键时期，我们在实现了第一个百年奋斗目标的基础上，又踏上了全面建设社会主义现代化国家、向第二个百年奋斗目标进军的新征程。

但成功不是一朝一夕的事情，"守正笃实，久久为功"，百年团史是一代一代的青年用热血和才智铸就的，在栉风沐雨的百年征程中，有人留下了故事，更多人依旧在默默奉献，他们共同构成了共青团生生不息的力量。这种力量，是青春的担当，是融入基因的对伟大祖国的热爱，是对"扣好人生的第一粒扣子"的庄严承诺。自新冠肺炎疫情爆发以来，无数团员青年以医务工作者、志愿者、消防工作者、外卖员……的身份，在抗疫一线书写青春豪情和使命担当，这就是对红色基因的传承，更是属于他们的时代印记。

"我们面临的新时代，既是近代以来中华民族发展的最好时代，也是实现中华民族伟大复兴的最关键时代"，习近平总书记的话是对我们最好的激励。2020年初，我因工作原因被调至拉萨工作一段时间，一次出差途中，猛然看到当时正在修建的拉林铁路，从群山间腾空而起，水雾弥漫之下，犹如科幻大片在前，当时心中的震撼和骄傲一时不可言说，这虽是我以管窥豹，亦可见中华民族的伟大复兴正在一步步实现。

我们的青年是永远值得信任的，每当与学生在一起畅谈时，他们的脑洞之大，让我时时感受创新之美、未来之美，"90后""95

后""00 后""05 后"……往后再往后，他们究竟能创造出一个怎样的世界呢？

　　愿此书能给广大团员青年带来更多启发和思考。

　　感谢晋璧东老师的引荐，才促成此书的再版；感谢重庆出版社马巧玲编辑的细心编校，和其他为本书在设计、策划方面付出努力的老师们，感谢你们。

郭晓斐

2022 年 3 月 1 日

# 目 录

## 第一部分
## 最好的团员"有看法"——用辩证的眼光看问题

### 第一章
### 把中国的问题放到世界的大背景中观察 2

一 互助抗疫,构建人类命运共同体 3
二 机遇与挑战,用世界眼光看中国的未来 6

### 第二章
### 用科学发展观看待发展中的不平衡 12

一 正视发展中的不平衡,但更要看到发展成果 13
二 勇于承担使命,为国家建设做贡献 16

### 第三章
### 劳动价值无高低,不要戴着有色眼镜工作 20

一 追求自我提高,正确看待工作中的荣辱得失 21
二 遇事心态不能崩,办法总比困难多 26
三 心底无私天地宽,用赏识的眼光看待每一个人 30

## 第二部分
## 最好的团员"有想法"——立长志胜过常立志

### 第四章
### 立志要高远一点  36

一 一个人必须有远大的理想和崇高的志向  37

二 只有脚踏实地，才能仰望星空  42

### 第五章
### 内心要强大一点  48

一 坚守底线，不被金钱诱惑背信弃义  49

二 有自己的思想，但不迷信自己的思想  52

### 第六章
### 信心要坚定一点  57

一 无论什么时候，都不要失去信心  58

二 善于判断事物的真伪，做事才更有信心  62

## 第三部分
## 最好的团员"有听法"——听话要听声,领悟对方的"话外音"

### 第七章
### 立足大局,倾听中央的声音 70

一 有全局意识,全面正确地理解国家发展战略 71
二 与时俱进转变思维,自觉把中央精神落到实处 73

### 第八章
### 正确领会上级指示,打造上领下达的内部秩序 77

一 领导讲话用心听,听得好才能沟通顺 78
二 正确处理与同事的关系,打造团结协作的团队 81

### 第九章
### 学做有心人,多听听群众的声音 87

一 有诚心才能听到群众的心里话,才能发现问题 88
二 会听群众的话,群众才会听你的话 92

## 第四部分
## 最好的团员"有做法"——愿做事会做事能做事不怕事

### 第十章
### 在践行使命和担当中实实在在做事　98

　一　响应时代召唤，为西部发展贡献力量　99

　二　仅仅能干事是不够的，能团结共事才能干成事　103

### 第十一章
### 能做事：不怕困难，善于想办法　109

　一　干哪一行都不容易，都需要付出努力　110

　二　遇到困难多想办法，绝不半途而废　114

　三　只要努力想办法，一定会有好办法　118

### 第十二章
### 不怕事：不怕打击和挫折，竭力实现目标　123

　一　现实再困难，总要闯过去，逃避不是办法　124

　二　先别说难，先问问自己是否竭尽全力了　128

## 第五部分
## 最好的团员"有学法"——学习是一种需要

### 第十三章
### 从中国传统文化中学习为人之道　134

　一　穷不灭志，富不癫狂　135
　二　从青年榜样中学习自立自强　141
　三　从艰难困苦中学习感恩与担当　144

### 第十四章
### 从行业先进人物的事迹中学习创新的精神　149

　一　要把个人兴趣与国家和社会的需求联系在一起　150
　二　勇于创新要在积极探索中实现　154

### 第十五章
### 在创新中进步，于细节处培养良好习惯　158

　一　创新不是凭空想象，一定要与实践相结合　159
　二　大事从细节做起，养成良好的生活习惯　162

### 第十六章
### 从行业楷模身上学习劳逸结合　168

　一　可以玩游戏，但不要被游戏玩　169
　二　心中有理想，生活就有劲儿　171

## 第六部分
## 最好的团员"有说法"——言之有据，切莫道听途说

### 第十七章
### 最给力的话对人民有益、对国家有益　176

一　实事求是，敢为人民说真话　177
二　讲究方式方法，让真话发挥真效力　180

### 第十八章
### 有主见，绝不道听途说　186

一　不要盲目追随别人，应当学会有主见　187
二　遇事冷静分析，不要道听途说　193

### 第十九章
### 说话掷地有声，做不到就不要说　198

一　不要空口说大话，更不要轻易许诺　199
二　说到做到，言而有信才能得到尊重和认同　203

| 第一部分 |

# 最好的团员"有看法"
## ——用辩证的眼光看问题

第一章

# 把中国的问题
# 放到世界的大背景中观察

- 中国正处在一个伟大的历史进程中,
  中华民族迎来了从站起来、富起来到强起来的伟大飞跃,
  如何迎接这一机遇与挑战,
  需要广大团员承担青年责任,书写青春年华,
  努力成为担当民族复兴重任的时代新人。

# 第一章
把中国的问题放到世界的大背景中观察

## 一　互助抗疫，构建人类命运共同体

一提起优秀团员，大家总会联想到三好学生、五好学生，觉得优秀团员应该在各方面比其他团员青年更强、更好，要不然他们怎么会成为广大团员青年的代表呢？

实际上，优秀团员也是从普通青年、普通团员一步步成长起来的，普通青年和团员遇到的问题、困惑、挫折，优秀团员也都曾经历过，只不过他们在遇到这些问题、困惑和挫折时，能把个人的情感放在团体、社会、国家各层面进行考量，能向优秀党员、优秀群众学习，不会因为个人的一时得失就自暴自弃、丧失信念。更为重要的是，他们能把对国家和人民的热爱转化为行动，落实到学习、生活和工作的方方面面，从一点一滴做起，最终百炼成钢，成为最好的团员。

其实，每个普通的团员青年都可以成为最好的团员，不要以为做最好的团员是一件多么难的事情，只要从我们的日常生活中着手，从身边发生的小事做起，见微知著，推此及彼，日积月累，成为最好的团员就指日可待。

我们先来看看身边正在发生的那些事。

目前人们最关注的民生问题就是房价，有人戏言"重男轻女这个中国几千年解决不了的问题，现在让房地产解决了……"，房价为什么这么高？房价是由谁决定的？

其实，房价上涨不是一个孤立的现象，它涉及银行、房地产商、游资、热钱、投资等多方面，还受女权、二胎政策等的影响，所有这些因素之间有着千丝万缕的联系。

同样的道理，我们也可以用辩证的眼光，来看一下我们目前的国内形势和国际形势。

毋庸置疑，截至目前，新冠肺炎疫情在世界范围内的影响依旧是巨大的，引用《参考消息》的说法："新冠疫情是经济全球化以来影响世界经济格局走向的一次重大外部冲击。一方面，疫情恐使全球经历'大萧条'以来最严重的经济衰退，全球贸易急剧萎缩；另一方面，疫情正加剧国家间的结构性洗牌，大国间的战略博弈不断加深，后疫情时代全球经贸格局与秩序重构恐难避免，并呈现出一些前所未有的新变化。"

我们先看国内形势，新冠肺炎疫情最初在2019年12月于武汉市被发现，给本来即将到来的欢庆的春节蒙上了一层阴影，之后的疫情防控措施又暴露出我们在公共卫生安全应急管理能力等方面的短板和不足，一时之间舆情滔滔，震惊、质疑、指责扑面而来。在这样的艰难局面下，我国政府迅速做出反应，直面问题，积极抗疫，总结经验，吸取教训，举国上下万众一心，很快扭转了局面，恢复了正常生活秩序。

疫情期间，社区工作人员、医护人员、志愿者、外卖员等群体奋战在抗疫一线，为居民的衣食住行提供保障，很多人虽然不能外

## 第一章
### 把中国的问题放到世界的大背景中观察

出,但可以通过手机短视频看到关于共同抗疫的故事。不仅如此,中国秉持人类命运共同体的理念,积极主动同世界卫生组织和国际社会开展合作和信息交流,分享防疫经验,协调防控措施,及时为部分疫情加剧的国家和地区提供力所能及的援助,为诠释和推动构建人类命运共同体提供了有效启示,做出了重要贡献。比如2020年5月7日,乌兹别克斯坦总统米尔济约耶夫与习近平主席通话时说道:"中国人民展现了惊人的团结、合作和勇气,为各国树立了典范。得益于中方的宝贵经验和帮助,乌方疫情防控取得显著成效。我完全同意你的观点,当前形势下,国际社会应该加强团结,密切在世卫组织、上合组织等多边框架下合作。乌方愿同中方共同努力,推动构建人类命运共同体。"

构建人类命运共同体,是中国为解决人类问题贡献的中国智慧和中国方案。正如习近平主席所说:"建设美丽家园是人类的共同梦想。面对生态环境挑战,人类是一荣俱荣、一损俱损的命运共同体,没有哪个国家能独善其身。"

"各国人民的生命健康从来没有像今天这样休戚与共、紧密相连。"法国巴黎第八大学教授皮埃尔·皮卡尔认为:"在全球化时代,各国的利益越来越紧密地联系在一起。各国有不同的制度、文化和信仰,关键是找到合作之路。"病毒不分国界,新冠肺炎疫情这场全球公共卫生危机凸显了推动构建人类命运共同体的必要性和紧迫性。

在新冠肺炎疫情持续蔓延中,全球多个国家和地区报告了感染病例。我们可以通过各种渠道看到国外的抗疫形势不容乐观，在这样一场全球性的灾难下，若各国相互歧视，相互泼冷水、泼脏水，疫情不但不会得到控制，还会愈演愈烈。

复旦大学南亚研究中心主任张家栋认为，疫情会推高各国的民粹主义和民族主义，但全球化进程不会因为一次疫情而停止。正如习近平主席所说，构建人类命运共同体是一个美好的目标，也是一个需要一代又一代人接力跑才能实现的目标。作为中国特色社会主义新时代青年，要拓展自己看问题的视野，把中国问题放到世界的大背景里去观察，将个人学业、事业与国家、民族、人类命运紧密联系在一起，不断学习、与时俱进，为人类命运共同体的构建添砖加瓦。

## 二　机遇与挑战，用世界眼光看中国的未来

1840年，闭关锁国的清朝被西方用坚船利炮轰开了国门，自此中国陷入长达100多年的混乱之中，平民百姓遭受了难以想象的苦难。在此种情况下，换作世界上其他任何一个民族很可能就此分崩离析。然而直到1949年，中国人民还是站起来了，而且行得正、

## 第一章
把中国的问题放到世界的大背景中观察

站得直。虽说我们现在面临的问题还很多,但"低着头走路,走的是上坡路"。

2013年,习近平主席在出访中亚和东南亚国家期间,提出共建"丝绸之路经济带"和"21世纪海上丝绸之路"的重大倡议(简称"一带一路"倡议),旨在推动沿线国家政策沟通、设施联通、贸易畅通、资金融通以及民心相通,共同打造政治互信、经济融合、文化包容的利益共同体、责任共同体和命运共同体,充分展现了中国的大国担当,推动了全球经济发展,正如世行报告指出:"一带一路"倡议将使全球货运时间平均减少1.2—2.5个百分点,全球的贸易成本将会降低1.1—2.2个百分点。

但曾任美国国务卿的蓬佩奥在一次访问中声称,中国倡导的"一带一路"倡议损害各国主权,美方敦促英方对"一带一路"倡议保持警惕并发声反对。印度当时也是类似的态度,还担心尼泊尔将全面倒向中国,因此对"中尼印经济走廊"特别是中尼铁路高度警觉和忌惮。那么中尼铁路的修建到底如何呢?

中尼铁路这个项目是2008年启动的,计划在2022年通车使用,全长540千米,从西藏自治区日喀则市延伸至两国边境的吉隆县——吉隆口岸。众所周知,尼泊尔位于喜马拉雅山脉南麓,北边与我国西藏自治区相接,所以尼泊尔和我国西藏人民的关系十分密切,松赞干布的妃子之一尺尊公主就来自尼泊尔,两地的商业往来也很频繁,现在拉萨市内也有很多尼泊尔商店。如果通了铁路,将会给尼泊尔的贸易和旅游业带来不可估量的影响。正所谓,要想富,先修路。

但这条铁路的修建难度也是世所罕见，因为要穿越喜马拉雅山。喜马拉雅山平均海拔超过7000米，地理气候条件不容乐观，相比修建青藏铁路，更是难上加难，所以很多人认为要穿越喜马拉雅山修建铁路是完全不可能的事。但随着中老铁路的顺利通车，我们相信，两国之间的经济文化交流也将逐步取得重大突破。这条由中国的高科技和基建能力支撑起来的铁路，用凿穿喜马拉雅全线贯通的奇迹告诉我们，面对机遇和挑战，不但要有共同建造美好世界的决心和愿景，更要有冲破极限、挑战不可能的信心，以及脚踏实地、行稳致远的务实精神。

　　国家如此，个人亦然。在人类命运共同体和中国特色社会主义新时代的背景下，广大团员更应该以一种新的世界眼光来鞭策自己，从取得的成绩当中，看到隐患，看到危机。

　　世界眼光，就是要以实事求是为前提，客观地看待我们的成绩与不足，从世界角度来审视自己、认识别人。全球正处于大发展、大变革、大调整之中，中国的发展离不开世界，世界的发展也离不开中国。在此国际背景下，中国面临巨大挑战的同时，也面临着前所未有的机遇。

　　有团员该问了，机遇在哪里呢？我们不妨从身边发生的小事看起。平时我们去买东西，或听父母念叨物价高了，就会感叹，现在钱不值钱了，挣那么点儿钱根本就不够花，甚至干得多挣的少。这是什么原因呢？其实是因为很长时期内中国对自己制造的一部分产品几乎没有定价权，商品的定价由美国说了算，这就是美元霸权的

# 第一章
## 把中国的问题放到世界的大背景中观察

厉害之处，所以我们只有推动人民币国际化，才能掌握国际市场定价权，才能让财富分配真正反映劳动者的贡献。其实，许多国家以及组织（比如欧盟），都强烈希望国际货币多元化。可以说推动人民币走向国际化，不但有益中国人民，对世界其他国家的人民来说，也是一件大好事。

类似这样的机遇还有很多。著名学者阎学通说，历史给所有国家提供的机遇是相同的，关键不在于谁有机遇期，而在于谁能抓住并利用身边的每个机遇。目前，我国正面临如下机遇：

走科技强国之路。2011年12月27日，北斗卫星导航系统正式提供试运行服务，可在全球范围内全天候、全天时地为各类用户提供高精度的定位、导航、授时服务，并具备短报文通信能力，甚至已经初步具备区域导航、定位和授时能力，定位精度10米，测速精度0.2米/秒，授时精度10纳秒。2020年3月9日19时55分，中国在西昌卫星发射中心用长征三号乙运载火箭，成功发射北斗系统第54颗导航卫星，这就是科技的力量。除此之外，我们还将扩大技术类产品的引进、消化、吸收和创新，促进科学技术的全面发展。

提高文化软实力。我国经济实力及国际影响力迅速提高，文化综合实力却与之不匹配。强大的文化力也是国际影响力的重要组成部分，在国际文化交流频繁的背景下，我国逐渐将带有中国元素的文化产品推出国门，走向世界。无论是2008年夏季奥运会让世界见识到了中国的传统美，还是2022年冬季奥运会让世界看见中国的科技美，这些中国的文化符号都在传达一个立体的中国形象。当我们的文化产品真正有了文化的味道，我国的文化软实力才会越来越强大。

加快生态文明建设。气候变化是一个世界性问题，作为一个负责任的大国，中国一直在履行应尽的义务，主动承担更多的责任，从推动达成气候变化的《巴黎协定》，到全面履行《联合国气候变化框架公约》，从大力推进绿色"一带一路"建设，到深度参与全球生态环境治理，中国为建设绿色、清洁、美丽的世界所付出的努力，在国际上有目共睹。我们深知，促进人类与自然和谐相处，是解决气候变化问题的国际道德制高点，做好这一点，会更有利于国内相关产业的发展。

增强国际话语权。在反恐、防扩散、气候变化、国际维和、人道主义救援等问题上，中国的声音越来越重要，为建立和谐世界发挥了积极的作用，中国外交进入了一个新阶段。

拓展经济合作领域。在高科技、新能源、环保等领域与需要帮助的国家展开多方面、多维度的合作，一方面引进先进的科学技术和设备，另一方面吸收和培养各类高端人才。

同时，我们也面临三大挑战，主要来自国际贸易、地缘政治和军事领域，应当看到，当下中国所面临的机遇大于挑战，每一个团员青年都可以充分施展自己的才华，立志为国努力拼搏，筑梦时代大有可为。

《庄子·逍遥游》中说："北冥有鱼，其名为鲲，鲲之大，不知其几千里也。化而为鸟，其名为鹏，鹏之背，不知其几千里也。

# 第一章

## 把中国的问题放到世界的大背景中观察

怒而飞,其翼若垂天之云。"这是一个团员青年大放异彩的时代,鲲鹏展翅,方显新时代青年之青春精神,无论何时无论何地,团员青年都要不减忧虑与热爱,在国家最需要的时刻,挺身而出,用行动迎接机遇和挑战,让青春爆发出最耀眼的光芒。

第二章

# 用科学发展观看待发展中的不平衡

我们必须准备走大路、小路、直路和弯路！
走过白天是黑夜路，走过黑夜是白天路，走过天涯还有路！
走上坡路、下坡路、岔路和斜路，
还要准备走绝路，走完绝路，我们再赶路！

## 第二章
### 用科学发展观看待发展中的不平衡

# 一　正视发展中的不平衡，但更要看到发展成果

网络是团员青年了解社会发展的一个窗口。每年各地平均工资的新闻一出炉，网上最热的话题就是"你的工资拖后腿了吗？""你的工资被平均了吗？"很多网友还晒出自己的工资条，引发广泛关注和评论，有炫耀的，有抱怨的，甚至还有捣乱的，他们想以此引起社会关注。由于网络的虚拟性，工资条上的数据可能和真实收入有巨大差距，而部分网民的恶意炫耀行为很容易引起低收入者的心理焦虑，甚至进一步加剧社会不安。其实，这只不过是个人收入分配不均衡的一个侧面反映。

**1. 个人收入分配不均衡出现的根本原因在于发展的不平衡**

2020 年我们打赢了脱贫攻坚战，消灭了绝对贫困，但我国的发展仍存在不平衡问题，主要表现在：

第一，城乡发展差距较大。全国优秀教师张桂梅四处奔波筹建了全国唯一一所免费女高华坪女子高级中学，专门供贫困家庭的女孩读书，却引来诸多非议。有人说张桂梅的事迹不值得宣传，应该多宣传让女孩早婚早育，甚至有网友说："让农村女童走出去，那农村男童怎么办，长大后都要打光棍吗？"这种观点虽然遭到广大网友的批驳，但也从一个侧面说明，我国城乡发展的差距比较大。

城乡发展差距必然是先逐步扩大，然后再逐步缩小。美国花了70多年，才使工农收入逐渐趋于平衡；日本是一个地少人多的国家，经济发展和工业化进程的速度惊人，但是也用了40多年的时间才使城乡收入实现无差距。由此看来，缩小城乡差距，我国也要有打持久战的决心。

第二，区域发展不平衡。在中国古代，有人犯了罪，尤其是官员失职被贬，皇帝就下旨把他流放"岭南"。"岭南"主要是指今天的广东一带，因为相对中原地区，经济十分落后，生活在那里的百姓又穷又苦，所以"岭南"一度被称为"蛮荒之地"。可见区域发展不平衡的问题，自古就有。

直到今天，一线城市"北上广"，高楼林立，基础设施完善，现代化程度高，消费水平高；二线、三线城市，虽然比不上一线城市，但发展得也不错；可是到了西部或西南地区的偏远农村、山区，人民生活条件就相对较差。

此外，还存在着居民收入差距不断扩大、经济发展不平衡、经济发展受到资源与环境的约束加剧等问题。

### 2. 客观看待发展不平衡问题

我们要以一种客观的、历史的、辩证的心态看待发展不平衡问题。处在发展落后地区的青年，不能因为发展不平衡而产生悲观情绪，从而怀疑社会主义市场经济的正确性。当然，更不能一味地强调发展不平衡的合理性，放任大部分没有富起来的人陷于贫穷之中。

## 第二章
### 用科学发展观看待发展中的不平衡

在实际生活中，我们如何用科学发展观看待发展不平衡问题呢？

一是正确认识发展不平衡存在的客观性。我国各地区在自然地理条件、经济发展基础、群众受教育程度、市场发育水平等方面存在一定差异，且在短时期内无法有效解决。也就是说，发展不平衡问题还将继续存在，甚至在某些地方，这个问题还有可能进一步加剧。

与此同时，我们也要看到这些地区的发展潜力。那些欠开发的地区，自然资源十分丰富，发展前景非常广阔，随着科学技术的进步，未来将会大有可为。国家现在实施西部大开发战略，就是要充分发掘西部的潜力，让西部人民也享受到改革开放的成果。

二是要看到发展不平衡导致的严重后果。人的身体失衡了会摔倒，地区发展不平衡会让经济发达地区出现交通拥堵、人口过密、贫富两极分化、空气污染、噪音污染等问题；而欠发达地区人民的收入水平普遍偏低、基础设施不完善、留不住人才等更成为困扰当地发展的大难题。

这种两极分化的后果很严重，好比人的两条腿，一条腿强壮有劲，一条腿无力酸软，怎么能稳步向前走呢？

但是，我们也要看到国家这些年在经济发展中取得的成就。可以说，改革开放的 40 多年，是我国经济持续快速发展的 40 多年，人民物质生活极大丰富，基础设施得到大力发展，科技创新日新月异，展现蓬勃生机……让人们的生活越来越便捷。

新中国刚成立那会儿，国外很多人叫嚷，说中国是地球的负担，世界产的粮食不够中国人吃。如今我们不仅养活了自己，还实现了粮食出口，支援其他国家，我国大规模的扶贫行动，还为全球扶贫行动提供了极富建设性的范例。可以说，中国人在改变自己落后面貌的同时，也影响了世界。

在科技创新领域，我国在杂交水稻、超级计算机、人类基因组测序、量子科学、纳米科学等方面都取得重大突破，高铁更成为我国集成创新实践的典范。

在军工方面，我国的技术进步更快，新中国刚成立的时候我们连自产飞机都没有，现在数一数：歼—20隐形战斗机、运—20运输机、辽宁舰、055型驱逐舰、075型两栖攻击舰等。

## 二 勇于承担使命，为国家建设做贡献

不同时代的团员青年要面对不同的历史课题，承担不同的历史使命。2020年，我国已全面建成小康社会，开启全面建设社会主义现代化国家新征程，十四五规划和2035年远景目标更为我们指明了奋斗的方向。

# 第二章
## 用科学发展观看待发展中的不平衡

### 1. 乡村振兴需要年轻人

我国是农业大国，农业、农村的发展一直受到党和国家的重视。2012 年底，我国农村贫困人口是 9899 万人，贫困县有 832 个，从 2013 年到 2018 年，我国连续 6 年每年完成减贫任务千万人以上，到 2020 年，我国现行标准下农村贫困人口全部实现脱贫，完成了消除绝对贫困的艰巨任务。这绝对是中国历史上浓墨重彩的一笔。

目前，乡村建设依然面临着诸多问题，年轻人口数量骤减，农业收入太低，医疗投入不足，文化教育相对落后，等等，如何才能做到可持续发展？已经脱贫的人会不会返贫？

没有人才的回流就没有乡村的振兴发展，青年一代是实现乡村振兴战略目标的主要力量，而且已经体现出强劲势头。一大批"90 后"运用区块链、物联网、直播带货等新技术、新方式，当好建设家乡的"引路员"，推介家乡的"宣传员"，规划家乡的"设计员"和清洁家乡的"保洁员"。乡村的创新性发展，就需要这样有敢于创新的青年人，只有这样，乡村振兴才能实现长足高效的发展。

黑龙江有一个创业农场，一到水稻插秧期，一群 20 岁出头的学生就跟着农户一起插秧，跟踪观测水稻生长过程，研究如何精准管理水稻。在这里，机械化浸种催芽、搅浆整地，无人机辅助插秧、施肥、追肥等智能化操作，让"面朝黄土背朝天，朝朝暮暮不得闲"的日子成为历史。

"自从农大的师生来了这儿，从插秧到施肥，我们的种田老把式就被淘汰了。"这是一位当地种植户的感叹。2019 年，他承包的

700亩土地成为试验田，进入数字化智慧农场模式，通过手机的应用程序，可以一清二楚地看到各个地块的土壤湿度、天气温度、水稻长势等信息。对此，他心服口服。

这只是中国农业大学师生开展实地研究的一个缩影。在黑龙江省创业农场，中国农业大学智慧管理无人农场建设项目正在开展。未来，他们将围绕智慧数字农场等领域开展产学研协同创新，支撑区域发展和引领农业绿色数字转型。

2019年3月，共青团中央出台了《关于深入开展乡村振兴青春建功行动的意见》，2021年10月，研究制定了《关于深化实施乡村振兴青春建功行动的工作方案》，旨在为党培育乡村振兴青年人才，做乡村振兴青年人才引流培育者、乡村青少年健康成长呵护者、乡村青年发展资源整合者、乡村青年文化风尚引领者、乡村治理助推者等。可见，让新时代青年参与乡村振兴已经成为国家战略。

### 2. 把个人成长与国家发展紧密关联

为什么现在的青年有这么多焦虑和迷茫？因为我们正在走一条前人没有走过的路，中华民族正在经历前所未有的大变革，没有历史的、国外的、成熟的经验可供我们参考，一切都要靠我们自己摸索。

个人命运系于国之兴衰。一个青年若想实现梦想，需要历经漫长而艰难的过程，需要有坚强不屈的精神。一个国家的转身若想华丽，离不开生生不息的青年精神。

20世纪90年代，中国工程物理研究院启动"神光Ⅲ"研究，"神

## 第二章
### 用科学发展观看待发展中的不平衡

光Ⅲ原型装置"2003年出光、2006年投入运行。如今具备独立研制、建设新一代高功率激光驱动器能力的国家还不多，我国是第二个研发成功的国家，这种高精尖的科研成果是许多国家有钱也买不到的。

高功率激光研究难度非常大，而且从事科研活动的工作人员一般只能在幕后默默奉献，如果没有必胜的决心，很难坚持下去，但他们自始至终将提升自己助力祖国作为第一目标，始终把个人成长与国家发展、国家命运有机结合，更让我们惊讶的是，当时激光聚变研究中心研究团队的平均年龄仅30岁！在一片浮躁声中静心研究、忠诚奉献，这是一群怎样的热血青年！

还有一组数据：

神舟七号配套的出舱航天服的研制人员平均年龄不到30岁；

嫦娥一号研制团队的平均年龄不到30岁；

天宫一号研制团队的平均年龄只有30岁；

神舟八号研制团队平均年龄33岁；

中国空天飞机设计团队平均年龄不到30岁；

…………

十九大报告提到："中国梦是历史的、现实的，也是未来的；是我们这一代的，更是青年一代的。"国家和个人是不可分割的共同体，站在新时代的起点上，团员青年更要以主人翁的姿态迎接既是竞争又是合作的世界关系，革故鼎新，与使命同行。

第三章

# 劳动价值无高低，
# 不要戴着有色眼镜工作

- 坦然面对学习和工作中的得与失，
  把服务他人和集体当成一种习惯，
  让雷锋精神代代相传，
  在最平凡的工作岗位上，做出最大的贡献。

# 第三章
## 劳动价值无高低，不要戴着有色眼镜工作

## 一 追求自我提高，正确看待工作中的荣辱得失

虽然我们大部分团员青年如今还在学校读书，为成为一名优秀团员而努力，但是很快也将走向工作岗位，怎样从最好的团员成长为最好的工作者呢？这就需要团员吸取别人的经验教训，为将来进入社会做好准备。

职业发展过程中有一种"天花板现象"，即当大多数人的位置达到一定级别后，他的晋升空间会越来越小，甚至无法突破。造成"天花板"困局的因素有很多，比如资历、学历、年龄、背景、个人成就等。

学生时代，我们会发现由于工作需要，老师会挑选几个优秀团员担任班干部，辅助班级日常管理。在此情况下，被选中的团员自然十分高兴，但不能觉得自己取得了一点儿成绩，就禁不住自傲起来，觉得谁都不如自己；没被选中的团员不能嫉妒和闹情绪，也不用觉得"内心不平衡""不服气"，甚至不配合别人的工作。其实，这样的状况不仅在学校中很常见，在工作中也会遇到，心平气和地看待得失，应该成为团员的一种修养。

### 1. 用发展的眼光看待前途和钱途

人生不如意事十之八九，这句话告诉我们，我们不可能总是如

愿以偿。在工作中，有的同事升职了，你还在原地踏步，心理难免会有落差，有情绪，如果不能正确看待得失，最终吃亏的还是自己。

肖晓鹏，云南省财政厅原副厅长。他担任厅级干部长达15年，原本还剩6年就可以顺利退休，但仕途晋升无望的他产生了贪念，并一发不可收拾，抓住一切机会大捞钱财，最终从一位受人尊敬的领导变成监狱中的囚徒。这种情况被称为"59岁现象"，俗称"最后捞一把"。

1974年，肖晓鹏被分配到云南省财政厅工作，虽然只是金融专业中专学历，但肖晓鹏虚心好学，勤奋工作，在同事中间留下了不错的口碑，并于1983年当上云南省财政厅行财处副处长。这次升职成为肖晓鹏人生的转折点，此后他的仕途顺风顺水。1994年，肖晓鹏更是被提拔为云南省财政厅副厅长。从总体成绩上看，肖晓鹏在1983年到2002年的20年里，为人处世低调，工作上也很勤奋努力，获得了领导和同事们的一致好评。可是，从2003年到2008年6年间，也就是退休之前的6年，他逐渐放弃了做人、处事的原则。他说："看到我们一起被提升为处级干部的，尤其是我当副厅长时的下属都上去了，我知道自己上不去了……"由于不能正确认识和对待功名利禄与进退去留，肖晓鹏开始产生不升官就捞钱的想法，从清廉堕入贪婪的欲望深渊，甚至大捞特捞。

正是看到自己升迁无望，肖晓鹏才产生了"既然无法升官，那就捞点钱"的想法。面对法律的惩罚，肖晓鹏悔不当初："我落到今天这个地步，不划算啊！"其实肖晓鹏案的案情不复杂，犯罪手

## 第三章
### 劳动价值无高低，不要戴着有色眼镜工作

段也比较简单，但反映出的问题却发人深省。现实中有很多人绞尽脑汁地去追求功名利禄，得到时，欢呼雀跃；得不到时，心里纠结，不平衡；失去时，甘于沉沦，甚至一蹶不振。"有权不用，过期作废"，很多人就是倒在了这句话下。

### 2. 知荣辱，从生活中的每一次正确选择开始

"最难的不是做什么，而是决定不做什么。"在生活中，我们经常会遇到两难的情况。比如坐公交车，前后坐的都是和你一样年龄的年轻人，这时上来一位白发苍苍的老人，如果前边的人装作没看见，不起身让座，你会不会让座？你会不会想着"他不让，凭什么叫我让？"

当然，有人会反驳说：年轻人上一天班很累了，有些大爷大妈精力倒旺盛得很，跳广场舞、抢鸡蛋、抢菜，差点儿把超市的门挤破。"大爷大妈抢鸡蛋时生龙活虎，坐公交车时腰酸腿疼"，这是很多网友的一致吐槽。

针对这个现象，一位社会学教授说得很中肯：其实这个社会让座的年轻人很多，自重的老年人也挺多。不要把少数冲突当作普遍现象。对于年轻人不让座，老年人不能以暴力解决问题。即使年轻人没有给你让座，你也绝对不该辱骂或殴打人家。如今，中国城市的老龄化程度正不断加剧，虽然有少数老年人有倚老卖老的行为，但大多数老年人应该受到年轻人的尊重和爱护。

不要小看那些貌似微不足道的小选择，这些点滴行动正是社会

风气之源。如果每一个人都能摆正自己的位置，做出正确选择，就能形成一股强大的、维护社会公平正义的力量。

郭明义，1958年生于鞍山市千山区齐大山镇一个普通矿工家庭，好人好事一做就做了30多年，人们都亲切地称他"好人郭明义"。

郭明义换过不少岗位，做过汽车驾驶员，也做过汽运车间团支部书记，从1996年开始，任齐大山铁矿生产技术室采场公路管理员。自从当上公路管理员，郭明义一直坚持提前2小时上班，风雨无阻，截至2011年，郭明义已经累计献工15000多个小时，相当于比别人多工作了5年。

大家都说郭明义是老实人，见工友的鞋破了，他会脱下自己的鞋给工友换上。看到他这样实诚，有人见他穿新鞋，就故意逗他："老郭把鞋换给我呗！"郭明义二话不说，立刻把鞋脱下来递过去。

郭明义还是鞍山市第一批遗体（器官）捐献志愿者，在他的影响和感召下，有1700多名矿工和居民参与捐献造血干细胞。

虽然工资不高，但从1994年开始，郭明义就一直捐助失学儿童。有一次，他拿出3000元准备捐给10个孩子，孩子家长们看到郭明义穿得比他们还穷，都忍不住掉泪了。此外，他还动员2800多人参与希望工程助学活动。

不管谁有困难，郭明义都伸手相助。他已经捐了3辆自行车、3个电视机。后来，鞍山团市委送给他一台电视机，并告诉他这是固定资产，不能捐，"捐了犯法"，所以这台电视机才留在了郭明义家里。

# 第三章
### 劳动价值无高低，不要戴着有色眼镜工作

　　钱财乃身外之物，大多数人都知道，但做不到，而郭明义做到了。矿上奖励他的数码相机，他卖了换成钱捐出去，连超市购物卡他都兑换成现金捐了。尽管他们一家人住的房子很小，是一个不到 40 平方米的单间，但矿上给他房子，他不要，说够住了，建议把房子分给更需要的工友。

　　郭明义先后从事过 6 份工作，每份工作他都力争做到最好，即使是一份毫不起眼的公路管理员工作，他也能热情投入。

　　郭明义的先进事迹感动了中国。李长春同志指出，郭明义同志的先进事迹和崇高精神，赋予了雷锋精神新的时代特征，展示了中华民族的优秀品质，生动回答了在新的历史条件下，如何正确认识和处理自我与他人、个人与集体、索取与奉献、平凡与崇高等人生课题，对广大人民群众特别是青少年树立正确的世界观、人生观、价值观，具有十分重要的教育意义。

　　怎样成为一名优秀团员，郭明义给我们树立了一个好榜样，把对他人、集体的奉献和服务之举，当成一种习惯，这样不但能使雷锋精神代代相传，同时也能使我们在最平凡的工作岗位上，做出最大的贡献。

## 二　遇事心态不能崩，办法总比困难多

"确实是没办法！"这句话想必大家十分熟悉。

一句"没办法"，仿佛为自己找到了逃避困难、推卸责任的最好借口。然而也正是这一句"没办法"，让我们画地为牢，无情地扼杀了自己的创造力，阻碍了自己成长的步伐。最好的团员是广大青年学习的榜样，如果在遇到困难时，最好的团员不能勇敢地去面对、去想办法解决，就辜负了团员这一光荣称号。

### 1. 遇到困难不逃避，办法总比困难多

2021年10月29日，第九届海峡青年峰会上，一个3层嵌套、正12面体、被称为"航天炫"的"玲珑球"吸引了大家的注意力，别看这只是一个体积不大的工艺品，但它展现了我们航天事业的加工技能和加工水平，当之无愧地荣膺金奖，而这个创意来自何小虎和他的团队。

何小虎，出生于陕北延安一个普通的农村家庭，2010年从陕西工业职业技术学院毕业后，进入中国航天科技集团有限公司第六研究院7103厂工作。2021年，他凭借扎实的技术技能和刻苦钻研的精神，荣获第25届"中国青年五四奖章"，"航天炫"就是他和他的团队利用业余时间完成的。

# 第三章
## 劳动价值无高低，不要戴着有色眼镜工作

我们都知道，台上十分钟，台下十年功，每一项荣誉背后都需要付出坚持不懈的努力。何小虎刚参加工作时，只是一个普普通通的机械学徒工，3年学徒生涯，很多时候都是在做一个重复的动作，这样的动作一天几乎要重复300遍。在这样的情况下，很多人会怀疑坚持这项工作的意义，何小虎却在这一过程中，想尽各种办法，把需要做300遍的动作提升到250遍、200遍完成。

对于何小虎来说，这只是一个开始。他曾调侃自己是"无智商""无天赋""无背景"的"三无学生"，所以将自己的业余时间都放在研究技术上，精益求精，攻坚克难。在获得五四奖章之前，他已经荣获数控技能大赛全国第四名、陕西省第一名，成为陕西省参加该项赛事以来取得最好成绩的选手；曾获"全国向上向善好青年""全国技术能手""陕西省五四青年奖章""中央企业青年岗位能手""陕西省技术能手""陕西省带徒名师"等多个荣誉。

2016年，何小虎在参与某型号液体火箭发动机的研制过程中，发现其中有个关键部件的加工精度要求极高，公差仅为0.008毫米，这样的精度，即使是高级技师来加工，合格率也只能保证20%，严重制约了产品的交付周期。为了突破加工瓶颈，他主动请缨拿下这个艰巨任务。经过半个多月的查阅资料、摸索、试车，最终提出"设备稳定性"的加工概念，颠覆了传统加工方法，开创了公司超精密加工的新思路，第一批次试加工时合格率直接提升到100%。他还解决了嫦娥四号动力心脏"主动脉管"汽蚀管流量合格率低等技术难题，助力探月工程、载人航天工程及新一代液氧煤油发动机研制

任务的圆满完成。"我要穷尽一生磨砺技能，以工匠之心，一步一步苦行实干，实现智造梦。"何小虎说。

工作中难免会遇到困难，尤其是新人，但世界上没有过不去的火焰山，青年人在工作中不要给自己设限，要多思考、多努力、多创新，力争在学习、劳动、工作及其他社会活动中起模范作用，就能为参与的事业多贡献一份力量。

### 2. 不要害怕失败，要勇于尝试

我们要力争做最好的团员，不是说不允许犯错误、不允许有失败，要知道诸葛亮还有失手的时候呢，不能老想着万无一失，要胆大心细。如果总是前怕狼后怕虎，放不开手脚，那什么也干不成，永远也做不出什么杰出的成就。

越是在困难的时刻，越要多想办法，我们来看看郑福源是怎么做的。

郑福源是一个大学生村官，在村里工作一段时间后，他发现了一个现象：村里老弱妇孺比较多。原来，村里大部分壮劳力都进城打工了，留下妇女、孩子和上了年纪的老人在家留守。有一次，村里的一个妇女想挣点钱贴补家用，就请郑福源帮忙找工作，郑福源经过一番努力寻找，给这位妇女找到了一份服装厂的工作。

这件事引起郑福源的思考：如何帮助村里的闲散劳动力就近解决就业问题？最好的办法是引进先进企业在本村建厂。说干就干，通过积极主动联络，郑福源很快和一家扬州客商达成初步合作意向。

# 第三章
## 劳动价值无高低，不要戴着有色眼镜工作

虽然郑福源的热情很高，但老书记尤德宝一开始并不支持他的想法，觉得郑福源太冲动了，不知道事情的轻重。是啊！困难太多了，一没资金，二没技术，三没经验。如果这个事情做好了，那是皆大欢喜；可要是搞砸了，谁来承担失败的后果？

世上无难事，只怕有心人，郑福源并没有就此打退堂鼓，反倒热火朝天地大干起来，聘请技术员、贷款、建厂房、找市场……用实际行动打消了老支书的顾虑。终于，努力有了回报，总投资3000万元的扬州市嘉康菇业发展有限公司成立了，几十名村民的就业问题解决了。村民都记着郑福源的功劳。2009年10月，村里进行两委班子换届选举，老书记尤德宝推荐郑福源参加竞选。快到选举的时候，老书记放弃了竞选，同时为郑福源写了一封恳切的推荐信，送到镇领导的手里。老书记尤德宝为什么主动让贤呢？"这个年轻人能够让路南村发展得更好，应该给他机会。"通过一年来的共事和观察，尤德宝觉得郑福源是个非常上进的好小伙，既有能力又肯做事，对村民又好，认定他一定能带领大家走上致富的道路。

最后，郑福源高票当选路南村党委书记，成为扬州市所有大学生村官中第一个成为村里一把手的人，而且从书记助理到村党委书记，他只用了1年时间。直到现在，郑福源还有些惶惑，尤其是老书记主动让贤，更让她感觉责任重大，绝不能辜负了村民和老书记的信任。

遇到困难不同的人会有不同的应对之策：一种是逃之夭夭，另一种是迎难而上，主动去寻求解决方法。团员之所以是广大青年的

榜样，就是因为团员身上有后者那种韧劲儿。不论何时何地，不打退堂鼓，主动想办法解决问题的人，都会像钻石一样闪光，即使没有刻意去追求成功，成功也会主动找上门来。

## 三　心底无私天地宽，用赏识的眼光看待每一个人

团员青年要时刻带着欣赏的眼光与人交往，在工作学习中懂得欣赏对方的优点，包容对方的缺点。

有这样一种人，看到别人比自己强时，心里就像打翻了五味瓶。在他看来，只有自己是完美无瑕的，其他人都不应该有超越他的优点，因此，他总习惯对别人横挑鼻子竖挑眼。若干年过去后，猛然发现原来与他在同一起点上的人如今已是今非昔比，而自己还是一如继往的平平无奇、一无所获时，心里就不平衡了，于是怨社会、怨领导、怨同事，渐渐地迷失了自我。

有人说这是一个内卷的时代，但事实上无论到哪个时代，走在时代前列的永远是拥有更高认知更高思维力更强进取心的人。那些如今已经更成功的人，最主要的原因是他们一直没有拒绝成长。

这就对团员提出了一个无声的要求，做事情不能仅从私欲出发，

# 第三章
## 劳动价值无高低，不要戴着有色眼镜工作

不要带着偏见看人，而是要摆正心态学会欣赏别人。

### 1. 放低姿态，海纳百川

一般来说，人们通常是站在自己的立场考虑事情，觉得这件事情别人应该这样做或不应该那样做，没有充分考虑别人的立场；有时还总是以完美的高标注来要求别人，完全是"严于律人，宽以待己"。

作为一个新时代团员，不妨把自己的姿态放低一点儿，为人处世多听取别人的意见，宽以待人，多多地从他人身上发现闪光点。

周倍良，2006年从清华大学法学院毕业后，到北京市门头沟区永定镇坝房子村任党支部书记助理。2008年10月，当选首届中国"十佳大学生村官"。对于自己最初的选择，他坦言从不后悔，因为在农村的每一天他都在成长。

初到农村时，周倍良发现理想和现实的差距太大了。学校里各种生活设施齐全，精神生活也很丰富。可农村里脏、乱、差，生活单调，农民接受新事物慢，他一开始对此很不适应。

生活艰苦不可怕，让周倍良纠结的是如何与村民沟通。村里留守人员大多是妇女、老人和儿童，文化素养普遍较低，周倍良觉得和他们聊不来。至今让他最难忘的一件事，就是第一次给村民写公开信的情形。那时他刚到村里不久，村支书让他写一个"告村民公开信"，说明近期村里要做的几件事情。

周倍良心想表现的机会来了，就洋洋洒洒写了3000多字，把每件事都阐述得很详细。不成想书记只看了一眼公开信就否决了，

他很不服气。书记说："内容不能超过一张纸，不然农民没耐心看完，以后跟农民打交道，要用直白的语言。"

这件事对周倍良触动很大。他意识到，要放下知识分子的架子，多看多学，不能狭隘地认为自己多喝了几年墨水就比别人更了解农民和农村现状。于是，周倍良开始动起来，走遍村里每个角落，了解村民的各种现实需要，不断调整工作方法和目标。慢慢地，他认识到，正是农民几十年如一日的生活方式，造就了他们因循守旧的思维习惯，而这恰恰是农民最可爱的地方，也是他们的优点。农民很质朴，一旦他们接受了你，就会视你如自家人，你的工作就能顺利地展开。从此，无论压力有多大，周倍良都在心里告诉自己，不要老是盯着别人的缺点，要多去发现别人的优点。

后来，他还发现农村干部虽然文化水平低，但他们有丰富的实践经验，他们说话直白、幽默、易于被村民接受。大学生虽然有知识，但主观意识太强，到农村后往往"水土不服"，不知道怎么跟村民打交道，因此很多想做的事情无法展开。在周倍良看来，要破解这个难题，关键是要在与村干部的沟通中怀着一颗包容的心，善于发现他人的长处，学为己用。要知道，有时情感的推动比利益驱动更加有效。

有一次和村干部聊天的过程中，聊到兴头上，周倍良便提起在与村民沟通时，发现村民法律意识普遍不强，提议开个普法班，结果一下子得到大家的认可。他想白天讲，书记建议最好放在晚上，因为白天农民要干活没有时间捧场。书记还嘱咐周倍良，讲课时不

# 第三章
## 劳动价值无高低，不要戴着有色眼镜工作

要太严肃、太高深，要多采用讲故事、拉家常的方式授课，这样农民容易接受。第一天开班，书记带着所有村干部来参加，以示对他工作的鼓励和支持。

3年的村官工作，让周倍良增加了很多社会经验，现在他的自信心更足了，与人打交道不再腼腆，和绝大多数村民也都能打成一片。

在周倍良看来，农村给了他施展才能的空间，在这里他放下了自己的架子，看到了农民和村干部的长处，取得了长足进步。

善于看到别人的长处，将自己放在低处、广泛汲取营养，每个团员都应该像周倍良一样有海纳百川的胸怀。

### 2. 心胸宽广，不吝啬赞美

同一棵树，有人看到的是生机盎然，有人却只看到趴在树梢的毛毛虫。之所以会有截然不同的态度，就在于有的人懂得用欣赏的眼光来看待他人，而有的人习惯在鸡蛋里挑骨头。

"好学生是夸出来的"，同理，积极向上的工作氛围更能激发出一个人的无限潜能。

有的人觉得当面赞美他人是一件很困难的事，其实并没有那么难以开口。从"你今天看起来很帅"到"这件衣服很适合你"，或真心地说一句"你的创意非常棒，我很受启发"，或是一句"相信你一定能行"的鼓励，一句真诚的肯定、真心的赞美都会让对方感受到你的关注，无形中拉近你们彼此之间的距离。

如果称赞的对象变成了领导，有些人可能会有心理障碍，觉得那是在拍马屁、谄媚，是很伤自尊的一件事。其实，领导也是人，怎会不希望得到大家的认同？关键在于你的态度，领导做得好，你赞美他那是实事求是，有什么不好意思呢？

| 第二部分 |

# 最好的团员"有想法"
## ——立长志胜过常立志

第四章

# 立志要高远一点

- 团员作为优秀青年的代表，一方面要有"舍我其谁"的豪情壮志，另一方面也要有刻苦求学、奋勇拼搏的精神，把仰望星空和脚踏实地结合起来。

# 第四章
## 立志要高远一点

## 一　一个人必须有远大的理想和崇高的志向

近些年，中国的物质生活有了极大的丰富，但人们的精神财富并没有同步增加。在中外各种糟粕思想的污染下，人们的价值观出现了一定程度的混乱。一些所谓的"官二代""富二代"还制造了几起让人极为愤慨的恶性事件，如"我爸是李刚"等，引起了社会的巨大争议。因此，有一种流行的悲观舆论认为，年轻人要是没有什么家庭背景，"拼不起爹""输在起跑线上"，再怎么努力，也很难出人头地。

在这样的消极背景下，有人就觉得谈爱国、谈理想、谈道德、谈情操很不切实际。我们不妨看看100年前身处贫穷落后的旧中国的仁人志士是怎么做的。

那时的中国，对外无法抵御列强的侵略，只能割地赔款；对内不能控制军阀混战，整个国家积贫积弱，满目疮痍，中华民族到了生死存亡的紧要关头。在这个时候，国家涌现了一大批救国救民的有志青年，他们没有随波逐流，而是带着为祖国独立富强而奋斗的决心和历史使命感，前仆后继地投入革命的洪流中，成为革命的先锋军，这其中就有师昌绪。

师昌绪，中国科学院院士、金属学及材料科学家、战略科学家，

## 向着太阳前进
做最好的团员

2010年度国家最高科学技术奖获得者。师昌绪先生很"牛",青年时期在美国麻省理工学院进行博士后研究时,开展了"硅在超高强度钢中作用的研究",后来在此基础上制造出了一种名为300M的高强度钢,成为20世纪60年代到80年代世界上最常用的飞机起落架用钢。

### 1. 中国人就要努力为中国做贡献

师昌绪先生生于1920年,小时候饱受战乱之苦,深切地意识到国家不强盛,就要受人欺侮。1931年,"九一八"事变爆发后,全班同学包括老师在内,听到这一消息后都号啕大哭。师昌绪后来在接受采访时说:"我是在中国农村长大的,小的时候国家受日本侵略,因此觉得中国必须强大起来,否则这个局面改变不了。"

一开始,少年师昌绪的理想是将来当一位高校老师,因为老师这个职业"社会地位高,每月30块大洋,足够养家糊口"。可当他听说中国必须发展实业才能救国时,师昌绪决定弃文从理,毅然选择了矿冶系。

为了能早日报效国家,在美国攻读博士学位时,师昌绪刻苦求学,成绩优异。1950年,朝鲜战争爆发,美国司令部开出一个名单,禁止名单上的35位中国留学生离美返回"红色中国",师昌绪名列其中。在这种政治高压下,师昌绪和一些志同道合者一起积极地想办法抗争,经过5年的艰苦斗争,最后在周恩来总理的严正抗议

## 第四章
### 立志要高远一点

及各方压力下,美国被迫同意让一些中国留学生回国。就在师昌绪回国前夕,他的导师问他:"为什么回中国?是嫌这里的职位低啊,还是嫌钱给得少啊?无论是哪一种原因,我都可以帮忙。"师昌绪说:"我是中国人,中国需要我。"

回国后,考虑到国家发展的需要,师昌绪开始了对高温合金的研究。高温合金是制造航天飞船发动机、军舰燃料机等关键动力装备的核心材料,不可或缺。在此期间,国内发生了一起飞机坠机事故。由于对事故原因的认定存在分歧,导致数百架飞机无法起飞,没人敢轻易对这个问题下定论。师昌绪急国家之所急,担起了这个任务,提出了解决方法,最终使大批飞机得以重返蓝天。

如果说发动机相当于飞机的心脏,那么涡轮叶片就是发动机中最关键的部件之一,甚至可以说"一代涡轮叶片决定一代航空发动机"。1964年,为了解决国产歼—7战斗机升级问题,师昌绪被委派主持空心涡轮叶片的研制工作。但空心涡轮叶片这种高科技产品,别说见了,师昌绪以前连听都没听过,可他还是坚决接下了任务,他相信外国能制造出来的东西,中国一定也能造出来。只用了一年时间,师昌绪和他的团队就造出了中国第一代空心气冷铸造镍基高温合金涡轮叶片,我国由此成为世界上第二个使用这种叶片的国家。

回想过去的苦难,师昌绪坦言对自己的选择"无怨无悔"。他说,一个人有了正确的人生观,就不会懈怠,即使遭遇再大的挫折也不会退却。

### 2. 有志向，就有永恒的工作动力

1975年，空心叶片生产基地转移到当时全国最艰苦的地区之一——贵州。师昌绪和工人们一样，每天喝的是浑水，排队买发了霉的大米，饭菜"如不用力去嚼，根本无法下咽"，但师昌绪却每天乐呵呵的，工作热情更是越来越高。退休之后，师昌绪拒绝享清福，而是继续坚持准时上班30余年，为国家又干出了几件大事：

2000年时，师昌绪开始接触碳纤维，在他看来，国防、航空、航天都需要这个东西，我们得研究、得突破。于是，他主持两院院士讨论会，力促"大飞机项目"被列入我国中长期科技规划重大专项。在师昌绪的积极推动下，2001年，科技部决定设立碳纤维专项，投入巨资研发碳纤维。

在担任中国科学院学部主席团第一届"学部咨询工作委员会"主席期间，师昌绪组织专家为国家提出"东部应大力发展核能，西部以新能源为主，华北地区高效利用化石能源"的能源发展战略。

师昌绪说，"首先要有正确的世界观和人生观，我心里考虑的是国家的整个全局，不是某个部门的利益，更不是我个人。"爱因斯坦曾说过："大多数人说，是才智造就了伟大的科学家，他们错了，是人格。"师昌绪就是这样的伟大科学家。

# 第四章
## 立志要高远一点

其实，师昌绪做的事情，有些并不是他的专业范围内的工作，但是他从战略角度、从国家利益出发，认为有做这些事情的必要性，所以主动承担并且负责到底，只要是对国家科技发展有利的事，他便努力为之。

古话说得好："时穷节乃现。"越是困难的时候，越能看出一个人的品性，而一个人的志向往往也是在这时确立。因为在困难面前，你可以选择明哲保身、选择临阵脱逃、选择同流合污，但也可以选择迎难而上，不同的志向会产生不同的选择，不同的选择会有不同的结果。

青年人要树立崇高的志向，因为"世界是你们的，也是我们的，但是归根结底是你们的。你们青年人朝气蓬勃，正在兴旺时期，好像八九点钟的太阳，希望寄托在你们身上"。

志向为我们提供了努力的方向，在实际生活中，能像师昌绪先生这样做出巨大贡献的人毕竟是少数，我们大多数人做的工作都很普通。比如，卖猪肉也是一份工作，但如果能做到不卖注水肉、病猪肉，何尝不是为祖国发展做贡献呢？不在牛奶里乱加添加剂，也是一种爱民爱国的表现。

目前，我国既处在大好的"战略机遇期"，也身陷尴尬的"矛盾凸显期"，社会治理方面存在的问题还不少。国家兴亡，匹夫有责，当代中国青年肩负着非同寻常的伟大历史使命，要从小树立远大的志向，从我做起，团结一致，为实现中华民族的伟大复兴而努力奋斗。

## 二　只有脚踏实地，才能仰望星空

2014年五四青年节前夕，习近平总书记给河北保定学院西部支教毕业生群体代表回信，勉励青年人到基层和人民中去建功立业，在实现中国梦的伟大实践中书写别样的精彩人生。希望青年们传承"五四精神"，不但要树立远大理想，更要脚踏实地、扎扎实实地从实事做起、从小事做起，甘于奉献，努力成为一块真金，而不只是一块伪装成金的铁疙瘩。

传承"五四精神"不能只停留在口号上，更要体现在实际行动中，团员青年要在这方面起模范带头作用。不少大学生敢想敢干，很早就开始创业，渴望做出一番惊天动地的大事业，实现自己的人生价值。可以说，如今的青年人最不缺的，就是仰望星空的激情。但与此同时，在一些年轻人身上也暴露出了一个很大的缺点，就是心态比较浮躁，急功近利，不愿意俯下身子、脚踏实地去做事，更不要说埋头苦干做一些基础性的工作了。

究竟什么样的青春更有价值？团员时期正值风华正茂，如果不能留下一些让自己热泪盈眶的瞬间，那日子就是白过了。

# 第四章
## 立志要高远一点

### 1. 人只有对社会有所奉献，才能在回首往事时做到不悔

当代团员青年面临着新的时代挑战，活得比较"纠结"：一方面，他们其实很愿意为社会、为国家做贡献；但另一方面，由于现实生活压力，以及不良社会风气的影响，他们变得"功利"起来，金钱至上，奢谈奉献。因此，很多团员青年在精神上陷入迷茫和混乱，不知道什么样的人生才是有价值的人生，不知道怎样做才能在回首往事时不悔。

同许许多多的年轻人一样，孙影也是一个追梦者。

大学毕业后，孙影怀着憧憬来到深圳，并找了一份体面、稳定的工作。但不久后，她告诉父母自己要去支教，去做有意义的事。

孙影的支教点鞍山小学在贵州大方县最偏远的大水乡，大方县是国家级贫困县，条件十分艰苦。一个从城里来的姑娘哪吃过这样的苦，所以刚到支教点的那段时间，孙影天天郁郁寡欢。她想过退缩，可最终还是决定坚持做下去，因为她要对得起自己的承诺。

更让她没想到的是，工作也进行得很不顺利。孙影是二年级的班主任，班上有 27 个学生，但很多学生的知识储备甚至达不到一年级学生的水平，她反复讲了几十遍的字词，学生很快就忘得精光。这让孙影十分郁闷，当地有经验的老师告诉了她原因：这些山里的孩子听不懂她的普通话，因为之前的代课老师用的是当地方言。这

个理由让孙影一时悲喜交加，喜的是找回了自信，悲的是孩子们落后的学习条件。

孙影想尽已所能提高孩子们的学习成绩，于是，她要求学校将她的课时从每周19节增加到23节，课后还给那些基础差的学生"开小灶"，想尽办法提高学生们的学习热情。

作为一个有爱心、有责任心的老师，可能最不能忍的事情，就是看到自己的学生因为家庭贫困而不得不离开学堂。在孙影的班上，有一个叫龙琴的女孩，因为母亲过世早，家里四个姐妹中有一个不得不辍学在家操持家务，龙琴只好辍学。孙影了解到这个情况后，决定通过家访找回这个失学的孩子。尽管在山区做家访可不是一件容易的事，需要翻山越岭，去龙琴家的路更让她觉得"恐怖"。后来在一次采访中，孙影回忆说："就像电影里看到的原始森林一样，两旁是茂密的灌木丛，我穿行在高山岩石中间的乱石小路上，不时得猫腰从石头上跳过，而石头上满是青苔，一不小心就会滑倒。就这样走了一个多小时才到龙琴家。"做这样的事情，不可能不辛苦，但作为一个老师，孙影认为这是她必须做的。像这样的家孙影她做过很多次，凡是她班里的学生，她都做过家访，甚至还家访过有些学生很多次。

什么是有意义的事？在支教之前，孙影认为是帮助别人，可在此之后，她觉得将整个身心融入支教工作中不仅是有意义的，更是一种信仰，一种生命的需要。她并没有刻意去说要奉献什么，只是

# 第四章
## 立志要高远一点

想做点什么，也许这在别人看来有点傻，但这样的生活让她觉得充实，更让她在回首往事时无怨无悔。

### 2. 只要踏实做事，周围人都会来帮你

在一学期的支教工作结束后，孙影并没有选择离开，而是坚定地留了下来。这里有太多的东西让她难以割舍，她还要做点事情。却越来越感到力不从心，因为她一个人的力量太有限了，每一个有困难的学生她都想帮，可自己那点微薄的工资根本不够用。如何才能让更多的孩子得到捐助呢？孙影想到了博客，她开始在自己的博客上发布信息，并真诚地呼吁大家"少去一次饭馆、少喝一瓶酒、少买一件新衣，帮一帮在失学边缘挣扎的孩子"！

真诚的爱一定能激起社会的共鸣。一些网友看到孙影的支教博客后，深受感动，主动捐钱捐物，这让孙影备受鼓舞。从此孙影一方面通过博客或其他渠道发布需要帮助的贫困生信息，为大方县、赫章县等山区的贫困生家庭寻找捐助人；另一方面，她会根据捐助人的要求，亲自到大山深处落实捐助对象。这些工作需要耐心、细致，且不怕苦，因为山高路远，全靠两条腿走路。可是，孙影是越干越起劲，因为有越来越多的爱心人士加入进来，有越来越多的贫困生摆脱了辍学的命运，这些可都是实实在在的事情啊！

另外，孙影把所有的捐赠款项一笔一笔登记好，关于款项的来源去向也在博客上一一公示。同时她还给每一位捐助者寄去了感谢

信，感谢大家的爱心，是大家的共同努力给那些学生提供了最大的帮助。

能帮助、想帮助的人越来越多，让孙影想做越来越"大"的事。鞍山小学的教学楼破败不堪，教学条件十分恶劣，教室不但没有灯，连门都没有。什么时候学生们才能坐进像城里那样宽敞明亮的大教室啊？孙影日思夜想，最后试着拨通了"募师支教"发起人许凌峰的电话，询问他能不能找一家爱心企业捐资建一所希望小学，没想到许凌峰很快就有了回音，说深圳有一家企业愿意捐建。为了让这笔捐款发挥最大的用处，孙影一边教学一边做起了监工，能自己动手做的就不请人，绝不浪费一分钱。一年后，新教学楼建成了，看到学生们欢天喜地地搬进新教室，孙影甭提多高兴了。此后，孙影又牵线建成了4所希望小学，其中一位捐款建校的老板甚至从未到现场看过，但他说："我信任这个女孩。"

孙影的理想很朴实，她只是想脚踏实地地做些有意义的事，实现自我价值，做一个对社会对国家有用的人。很多团员青年也有这样的想法，但是却缺乏孙影这样埋头苦干的精神，不愿意脚踏实地从基层做起，觉得这样太累、太慢、太傻。是啊，孙影实在太"傻"了。在支教的5年里，她有数次机会返回深圳，有一次她甚至被破格调入深圳市关爱办，这可是多少人挤破脑袋都进不去的好单位，可孙影只工作了3个月，就又回到了贵州。

究竟是什么让孙影如此留恋这个地方呢？原来，有一次孙影去

# 第四章
## 立志要高远一点

县城给学校购买教学用品，回来时雇了一辆小货车，可没想到在离学校还有3千米的地方，被一辆横在路上的故障车挡住了去路。一直到天黑，故障车也没修好，荒郊野外，孙影越来越害怕。正在这时，她看见远处有手电筒的灯光，接着就听见了孩子们一声接一声地呼喊："老师，你别怕，我们来接你了！"孙影的眼泪夺眶而出。那一刻，她心中的幸福无法用语言来表达。

第五章

## 内心要强大一点

- 当前,社会上涌现的各种诱惑考验着青年的思想信仰和价值观,团员青年只有做到"我心有主",才能抵挡不正之风的腐蚀。

# 第五章
## 内心要强大一点

# 一　坚守底线，不被金钱诱惑背信弃义

面对接二连三的诱惑，如果内心不够强大，思想就会出轨，怎样才能做到坚守底线呢？我们先来看一个古人的例子。

许衡，元代著名学者。有一次，他外出游历，天气炎热，口渴难耐。正好路边有一棵无人看管的梨树，结满了诱人的梨子。路过的行人纷纷摘梨解渴，而许衡只是站在那里静静地观看。一个路人招呼他说："这么热的天，你难道不渴吗？看这梨，多好，快来吃一个解解渴吧！"但许衡不为所动，路人不解，便问他缘由。许衡说："这是别人的东西，未经过主人允许，岂可随便乱动。"路人纷纷笑他迂腐："这梨树长在路边，可能没有主人，渴了就吃吧。"许衡说："梨虽无主，我心有主。"

人的一生面对的欲望太多了，荣誉、权力、财富，不一而足，稍不留神，就会行差踏错，步入不归路。因此，很多人都为自己设置了一定的行事原则，以防被欲望埋没。坚守底线的人，才能有未来。

### 1. 无论诱惑多么强烈，都要守住自己的信念

"团干部是一个特殊的群体，是青年人中的佼佼者，要懂得'高处不胜寒'的道理，牢固树立正确的权力观、地位观和利益观，自觉抵御市场经济下形形色色的诱惑，守得住清贫，耐得住寂寞，切

不可贪一时之利，毁一世之功。"这段话讲得很有道理。团干部是党的年轻干部，前途无限光明，如果不能抵制诱惑，恪守忠诚，思想就会变质，最终毁掉自己。但讽刺的是，讲这段话的人，最终竟背叛了自己的原则。这个人，就是共青团宁夏回族自治区委员会原书记曹刚。

曹刚本来年轻有为，34岁已经是正厅级干部，晋升速度非常快，这在全国都很少见。所以当曹刚出事后，知道他的人都很为他惋惜。

曹刚最初也是想大展鸿图，可为什么在短短几年内，他的思想就发生了巨大转变？除了缺少监督以外，另一个重要的原因就是他内心的放纵。他何尝不知道自己做的事情是犯法的？当别人贿赂他时，他心里何尝不惶恐？但在糖衣炮弹的围攻下，他的思想被麻痹了，不但肆无忌惮地大收贿赂，而且还明目张胆地主动索贿、贪污公款，最终应了他自己的话"贪一时之利，毁一世之功"。

"千里做官只为财"，一些走上歧途的干部就倒在这句话下，"有权不用，过期作废"的思想更让他们把"报效国家""为民请命"的誓言忘得一干二净，结果"机关算尽太聪明，反误了卿卿性命"。

像曹刚一样，很多犯错误的干部，当初也想干出一番事业，也曾试图抵御利益的诱惑，可慢慢地心理防线垮塌了，最终滑向违纪违法的深渊，东窗事发后，又追悔不已。然而，时光不可倒流，随着判决书的落地，他们再也没有机会去实现自己最初的梦想。可叹的是，在位时他们总认为自己离违法犯罪很遥远，总认为自己不会被发现。殊不知，对与错，是与非，往往只发生在一瞬间，贪与廉

# 第五章
## 内心要强大一点

也仅是一念之差。

前事不忘，后事之师。从现在开始，团员就要从自身做起，树立起强大的心理防线，自觉地与不良行为做斗争，为建立和谐社会而努力。

### 2. 对背信而行不义的事情坚决说"不"

把送到眼前的诱惑推出去，确实不是一件容易的事，毕竟团干部也是人，也有七情六欲。但话说回来，从你成为一名团干部起，从党和国家赋予你权力的那一刻起，日后会面临许多考验，如果你不能克制内心的欲望，坚决说"不"，最终毁掉的是你自己。

大家都知道北极熊这种动物，在北极那里几乎没有什么天敌，但爱斯基摩人却能轻易捕获它。爱斯基摩人是怎么做的呢？他们会先杀死一只海豹，将它的血倒进一个水桶里，然后再将一把锋利的双刃匕首插在桶中央，血液在温度很低的环境下很快凝固，匕首因此被牢牢地冻在其中，一个巨大的"血冰棒"就做成了。之后，爱斯基摩人把这个"血冰棒"丢在一望无际的雪原上。

北极熊的嗅觉极其灵敏，几千米之外的血腥味它们都能闻到，所以迅速赶了过来。嗜血如命的北极熊开始一口一口地舔食"血冰棒"，当舔到"血冰棒"的中央，锋利的匕首划破了北极熊的舌头，可是舌头已经麻木到对疼痛毫不知觉，血的气味又一直诱使北极熊更加用力地舔着"血冰棒"，直到失血过多而昏倒在地，乖乖地成为爱斯基摩人的猎物，从始至终都不知道它喝的其实是自己的血。

看到这个故事的人都会觉得北极熊很蠢，但一些人恰恰就是在不知不觉中变成了"北极熊"，"舌头麻木了"，忘记党和人民的重托，一心追求升官发财、及时行乐和奢侈豪华的生活，深陷其中，无法自拔，更把通过不正当手段获得权力和财富的手段视为成功之道，结果就像曹刚一样，身败名裂。

曹刚的例子给所有将要走上工作岗位的团员青年提了一个醒：无论外部世界怎样物欲横流，都要捍卫自己的心灵，坚守道德底线，有信有义，为年轻人树立一个好榜样。

## 二　有自己的思想，但不迷信自己的思想

《巨人传》中有这样一个小故事：

巴汝奇陪着庞大固埃一起航海旅行，在海上他们遇见一艘羊贩子的船。羊贩子们发现巴汝奇的裤子没有开前裆，眼镜又挂在帽子上，形象十分古怪，于是拿他逗乐儿，嘲笑他是乌龟。巴汝奇决定报复。他向羊贩子买了一只头羊，接着立刻把这只头羊扔到波涛汹涌的大海中。羊的天性是跟着头羊跑，于是，所有的羊争先恐后地

## 第五章
### 内心要强大一点

往海里跳。羊贩子们一个个急红了眼,拼命地揪着羊毛、羊角不放手,结果也随着群羊"扑通、扑通"坠入海中。

在这里,巴汝奇利用了羊群效应:头羊往哪里走,后面的羊就跟着往哪里走,这就是从众心理。从众心理很容易导致盲从,而盲从的人往往会陷入骗局或遭遇失败。

思想是行动的先导。在这样一个多元、开放、自由的社会里,一个人要有所作为,必须有自己的主见,对自己的信念毫不动摇,这样才能承受住因他人的质疑、批评和非议等造成的压力。

### 1. 摒弃盲目从众的自卑感

有时候明知道那件事不可以做,但是在其他人的鼓动下,还是违心地做了,结果伤人伤己。

小明是个比较老实的孩子,学习成绩一般,不善言辞,也没什么朋友,因此内心比较自卑。后来他认识了小牛,两人很谈得来,很快成了好朋友。一天,小牛带小明去他的朋友家参加聚会。4个人吃喝玩闹一阵后,有人拿出一个小瓶子,并倒出一片"药"放进嘴里,接着把瓶子递给了小牛。最后瓶子到了小明手里,他意识到瓶子里装的是"毒品",因此心里有一个声音在说:不能吃!看他犹豫,其他三人就劝他:"说吃了这东西以后很舒服,不要害怕,我们都吃过了,一点事没有,快吃吧。"

可小明还在犹豫。3个人就不高兴了,开始笑话、挖苦小明:"胆小鬼!""真没用!""以后再也不带你玩了,丢人!"小明面红耳赤,迅速打开瓶子，倒出一片药片放进了嘴里。有了第一次，就会有第二次。自从摆脱了对这件事的恐惧后，小明感觉吃这个药片没什么大不了的，最终深陷毒瘾而不能自拔。

小明之所以误入歧途就是受了从众心理的误导。简单来说，受从众心理影响的人，内心渴望自己像别人那样说话、做事，不想与众不同，害怕"被抛弃"，因此有时会为了"合群"而会做出违心的事。

其实，从众心理的根源在于自卑感。

有自卑心理的青少年，大都认为自己缺点一箩筐，事事不如人，他们在心里首先否定了自己。久而久之，内心脆弱，身体也不堪重负。他们一方面恐惧别人的嘲笑和拒绝，对别人的话十分敏感。另一方面又总是希望从师长、朋友、群体、社会的接纳和肯定中获得一些慰藉。

所有的自卑，可能都源于无法真正接纳自己，所以我们要改变自卑，就要尽量在每一件事情上积极表达自己的意见。比如，自己决定上什么兴趣班，自己决定要什么时候做作业，等等。要多尝试，学会合理有序地安排自己的生活，而不是"别人如何我就如何"。当别人征求你的意见时，不要总说"无所谓""随便"，想附和别人的意见时，也别忘了提醒自己，一定要敢于适时表达自己的观点。

勇敢地说出自己的想法，把"无所谓"这个词从自己的人生词典里彻底抹去，把自己潜意识里的"我认为""我想要"呈现出来，拒绝被动，不盲目从众，不管对方是朋友，还是父母……告诉自己，

# 第五章
## 内心要强大一点

当认为必须说"不"的时候，就不要说"是"。无论小事大情，如果都能提出自己的主张，不随意附和别人的意见，那么久而久之，自然而然就能摆脱从众心理的束缚。

### 2. 不做刚愎自用的自大狂

孔子说："愚而好自用，贱而好自专。"大意是说，越是愚昧的人越喜欢自以为是，越是不如意的人越是一意孤行。其实这句话反过来也说得通，"好自用而愚，好自专而贱"，但凡自以为是、一意孤行的人，结局很难圆满，著名代表人物如项羽、马谡等。所以说，有什么样的思想，就有什么样的行为和结果。

青年团员一定要警惕自傲倾向。每个人多多少少都会有点儿虚荣心，别人几句赞美的话，心里就会轻飘飘。在胜利面前，谁都觉得自己是无敌的。如果把自己看得太重要，自我膨胀，不能容人，更不能容忍持反对意见的人，那他就注定走向失败。

疫情防控期间，很多小区都有这样的规定：任何人出入小区都需要登记。然而2021年1月13日，大连市某小区一名女子想进小区但拒不配合登记，在遭到登记员阻拦后，此女子不但没意识到自己的错误，还立刻给"卢书记"打电话，搞关系耍官威，成功地让"卢书记"满足了她的要求，正常执行公务的登记员满心委屈："她可以不登记，是不是今后别人也可以和她一样不登记？要是谁都这样，那今后我们的工作就没法做了！"

为了防控疫情，我们出入各种场合时确实增加了一些流程，给大家带来不便，像进入小区简单登记一下，只是一件简单得不能再简单的事情，而这位女子却非要搞特殊，那位"卢书记"竟然也配合她耍官威，自负、狂傲在他们身上体现得淋漓尽致。手上掌握一点儿权力，便目中无人，自我陶醉，正是这种人败坏了社会风气。

  作为最好的团员，要时刻检省自己，是不是无意中步了这位女子的后尘而不自知呢？是不是脱离了青年队伍而孤芳自赏呢？是不是听到不同意见就勃然大怒呢？如果有，就说明沾染了刚愎自用的毛病。

  不过，刚愎自用还不属于"不治之症"。只需两剂药便可祛除：一是"虚怀若谷"，胸怀要像山谷一样宽广，为人处世低调谦虚；二是"从善如流"，乐于听取与自己想法不同的意见，接受善意的批评。

第六章

# 信心要坚定一点

- 在人生道路上，
  免不了遭遇各种各样的挫折和困难，
  关键是如何面对它。
  坚定的信心是青年团员成才必备的心理条件。

# 一　无论什么时候，都不要失去信心

当我们心怀理想、一腔热血地冲进现实时，生活给我们的很可能是一盆冷水或当头一棒。在现实面前，有些人得到的是鲜花和掌声，但更多的人经历的是平淡和枯燥，甚至是压抑和痛苦。其实，一时的得失并不重要，重要的是，你始终不曾丧失对生活的信心。

### 1. 在挫折中历练承受失败的能力

一名女研究生因找工作屡屡受挫，就到路边找算命先生问其究竟。当从算命先生那里得知目前的困境是由她既定的命数造成时，该女生备受打击，遂有了轻生之念。

青年在生活或学习过程中，遇到困难或挫折时，有人可以通过自我调节渡过难关，有些人则不能，导致出现觉得自己无能力、无希望、无帮助的"三无"心理。一般情况下，作为学生，能考入重点大学，便会觉得就业前景比较好；但在求学过程中，当成绩落后，或对所学专业不满意时，有些同学会觉得将来无法找到好工作对不起家人，回家又觉得丢人，因此产生轻生的念头。

其实，任何人的生活都不可能一帆风顺，人生就如上下起伏的心电图，总有起起落落，想要过好这一生，关键看你用怎样的心态来面对困难。

## 第六章
### 信心要坚定一点

洪战辉是个很普通的年轻人。他没有显赫的家庭背景，没有丰厚的经济实力，只是一所普通高校的一名普通学子。就是这样一个年轻人，在他还是一个孩子的时候就对另一个更弱小的孩子担起了责任，在贫困中求学，在艰辛中自强，2005年，他的感人事迹在社会各界引起了强烈反响。

在家庭屡遭变故、生活越发艰辛的情况下，他坚定而持久地去行动，忍受了一次又一次的挫折，克服了生活中一个又一个困难，为广大团员青年树立了榜样。面对多舛的命运，是自怨自艾，还是自强不息？洪战辉用他的人生经历给了我们最好的回答。广大团员青年在遇到困难时，要多向洪战辉学习，不轻易失去信心，勇敢地面对一切挫折。

### 2. 在坚持中锤炼坚强的意志

坚持是最难的，青年人不缺乏理想和信念，不缺少激情和干劲，然而很少有人能遵循自己最初的目标持之以恒地去努力。

有一部反映中国士兵成长故事的电视连续剧《士兵突击》，曾经非常火爆。这部电视剧跟以往我们看到的电视剧不同，没有用脸蛋漂亮但智商不在线的女演员来反衬男主人公的英勇，没有剪不断理还乱的多角恋情，没有炮火纷飞的激烈战斗场面，只有几个普通的士兵，而许三多正是其中最笨的一个。他是一个老实人，同伴们都笑他傻，由于在家时总是被父亲追着打，因此跑得特别快。

但就是这样一个笨头笨脑的士兵，牢记了父亲的一句话：好好活，做有意义的事。因此，无论被分配到哪个地方，他都不曾停止努力。别人打扑克时，他在练习踢正步；别人闲聊时，他四处去找石块，最终修了一条别人都认为不可能修成的路。"不抛弃，不放弃"，就算钢七连被改编了，只剩下他一个人，他还是坚守自己的岗位，一如从前。最终，他进入"老A"团队，成了一名出色的钢铁战士。

当困难降临时，你的态度是逃避、得过且过还是迎难而上？你会像许三多那样，无论在多艰难的情况下，依旧选择"好好活，做有意义的事"吗？有许多青年做事往往只有三分钟热度，碰到一点儿困难就退缩。因为意志不坚定，在困难面前，总是左摇右摆，这山望着那山高，哪儿有机会就往哪儿钻，全然不顾是否适合自己，最终只能竹篮打水一场空。

行动是思想的先导。许三多上学的时候，脑子里只有一个想法，那就是好好读书。当兵以后，他虽然坚持努力，但并没有明确的目标。在荒凉的五班，在钢七连，在"老A"，他一直在不停地寻找，在经过一次战斗后，他对自己以前的坚持有了新的想法，最终在一次次成长蜕变中，找到了方向，从此坚定不移。

许三多用实际行动告诉我们，不要去空想，而要在坚定目标后相信坚持的力量，锤炼坚强的意志，新时代的团员就要有这种精神和气度。

### 3."灰太狼"也会有成功的一天

坚守自己的目标，并不是一件容易的事。在为目标而努力的过

## 第六章
### 信心要坚定一点

程中，我们可能会遭遇各种各样的挫败，迫使我们不得不修正或者改变原来的目标，偏离我们最初的梦想，但只要坚持，梦想总有一天会实现。

动画片《喜羊羊与灰太狼》很受青少年的喜爱，它的创作者黄伟明是一个漫画爱好者，在此之前也走了一段漫长曲折的路。

受父亲与哥哥的影响，黄伟明从小就喜欢画画，一有时间就在家里写写画画，很少出去玩。1988年，小小年纪的他参加了广州市政府举办的漫画大赛，这是他第一次参加漫画比赛，最终获得了优秀奖，这让他非常开心。但因为学习成绩不太好，黄伟明没有考上大学，去读了中专。不过，他一直没有放弃对画画的热爱。

毕业后，黄伟明应聘到一家酒店工作。有一天，他无意中在酒店订的香港《文汇报》上看到漫画专栏正在向内地征稿。黄伟明非常高兴，觉得自己可以试一试，于是创作了一幅漫画，投了过去。其实他对这次投稿并没有多大的信心，但没想到自己的作品被采纳了。小小的成功，让黄伟明看到了自己光明的前景，画漫画既可以坚持自己的爱好，又可以增加收入。就这样，黄伟明坚持在香港报刊上画了7年的漫画，并逐渐开辟了越来越多的漫画专栏，知名度越来越高。

后来，为了画出更好的漫画，黄伟明决定到加拿大系统学习美术与设计，增强自己的功底。在国外求学的3年里，黄伟明一边用心学习，提升自己的作画技能，一边在当地华文报纸上发表连载漫画，继续自己的漫画创作。也正是在此期间，他开始接触互联网动画。

2000年，黄伟明回国后投入动画制作行业。当时，动漫在中国还属于新兴产业，黄伟明从无到有，尽管一直举步维艰，但他始终坚持着自己的梦想，2005年，《喜羊羊与灰太狼》一经播出便大获成功，创作者黄伟明一举成名。

有人说，黄伟明长得有点儿像灰太狼。其实"灰太狼"这个形象，眼角有点儿往下垂，坏笑时嘴角往上咧，很生动。在黄伟明的笔下，灰太狼是个倒霉狼，但是这个倒霉狼却非常可爱。他怕老婆，爱干家务活，喜欢搞各种发明创造，更关键的一点是，他对自己捉羊的工作非常坚持，从不灰心。

动画片里的灰太狼，坚持着自己捉羊的事业，而他的创作者黄伟明在现实中执着于自己的漫画事业。可以说黄伟明就是灰太狼在现实中的原型，尽管屡屡受挫，但锲而不舍，毫不灰心。动画片里的灰太狼不能成功，但现实中的"灰太狼"却获得了成功。

## 二  善于判断事物的真伪，做事才更有信心

有些团员青年自觉有一肚子墨水，但一看到网上就某一热点事件不同立场的网民针锋相对的讨论就晕了，觉得公说公有理、婆说

# 第六章
## 信心要坚定一点

婆有理，一时失去了主张。有知识不代表有思想，缺乏独立思考能力，很容易判断失误。我们先来看一则谣言引发的社会性事件。

2010年2月21日凌晨，几乎整个山西省的老百姓都被一个谣言给震动了：2月21日凌晨山西将会发生大地震！这个谣言最早出现的时间大约在21日午夜，然后迅速流传，陷入恐慌的人们通过电话、网络等各种通信工具互相提醒，好像真有大难临头。

一时之间，老百姓纷纷走出家门，寻找安全避难的地方，路上车辆拥堵，交通瘫痪。不但如此，通信设备也发生严重堵塞。2月21日早上，许多人的移动电话都没了信号。

早上7点前后，当人们还在忐忑之际，社会、媒体开始辟谣，有的电视台轮番播报消息辟谣，劝告人们恢复正常生活。一些气愤的网友开始追查谣言的来源，声称应严惩造谣者，这也是大家的心声。可在经历了这次恐慌之后，大家是不是也应该静下心来思考一下，多问几个为什么呢？

### 1. 遇事冷静，学会判断信息的真伪

鲁迅说："应做的功课已完而有余暇，大可以看看各样的书，即使和本业毫不相干的，也要泛览。譬如学理科的，偏看看文学书，学文科的，偏看看科学书，看看别个在那里研究的，究竟是怎么一回事。这样子，对于别人、别事可以有更深的了解。"这就是在告诉我们，不管做任何事情，都要本着一个多学多看的态度，经常反思，这样才能学会独立思考，学会判断信息的真伪，不人云亦云。

有的人嘴上功夫很厉害，能把白的说成黑的，对于他们的言论，如果你不加思考就全部接受，弄不好就会出问题。因为这类人"身是正的，但屁股是歪的"，用一个成语来形容那就是"居心叵测"。

日本大地震和核泄漏事故发生后，中国一时"谣盐"满天飞，由于外界盛传服用碘盐可以抵抗核辐射，于是人们疯狂抢购加碘盐。事后我们忍不住追问：为什么人们如此轻易地相信了这个谣言？有一位超市售货员，得知"谣盐"消息后，不但立马给自己抢购了一批食盐，还赶紧打电话告诉亲朋好友囤盐。她不是从网上得知这个谣言的，是一个购买食盐的顾客告诉她，结果她当场就信了。

这是一个信息多元化的时代，大量虚假信息经过"整容"后出现在我们的生活里，企图以假乱真。面对这样的信息，我们首先要在思想上保持冷静，不能别人说什么你就信什么，团员青年更要起带头作用，要像孙悟空一样炼就一双"火眼金睛"，学会判断信息的真假，让谣言无处藏身。

### 2. 没有深入的思考，就没有正确的行动

团员青年要培养独立思考的能力，就不能盲从，不然，今天这个专家说吃这个东西好，明天那个教授又说吃这个东西不好，那到底听谁的呢？所以，我们要学会深入思考各种观点不同的信息背后的逻辑，否则不但得不到真相，反而成了他人的箭靶。

以前，谣言大多通过亲戚朋友进行传播，传播范围比较窄，传播速度也比较慢。但随着互联网、手机功能的日益强大，信息传播

# 第六章
## 信心要坚定一点

的速度和范围极大扩张。对一些别有用心的人来说，他只需要轻轻敲几下键盘，就可以把一条炮制出来的消息散布出去。而不明真相的青年，或出于好心宣传，或出于从众心理纷纷转发，无意间就充当了传播谣言的推手。而谣言一旦散播开来，很难在短时间内肃清，正所谓，造谣一张嘴，辟谣跑断腿。

其实，很多人轻信网络谣言，原因大概有两个：第一是出于"宁可信其有，不可信其无"的心态。骇人听闻的消息总能抓住人的眼球，如"女大学生求职被割肾""艾滋病患者滴血传播艾滋病"之类，我们看到这类消息的第一反应，往往是"如果这件事是真的，我不信的话会给自己带来伤害；如果这件事是假的，我信了也不会有什么坏处"，于是"两害相权取其轻"，被谣言给套中了。第二是人们出于猎奇心理，尤其对一些敏感的政治类谣言容易轻信轻传。

造谣的原因有很多，那些有目的性的造谣者，十有八九是谣言受益者。当一种恐惧情绪通过网络扩散，受众的恐慌心理会无限放大，因而造成集体恐慌的气氛，如山西的地震谣言，最终受影响的还是群众。

在这种情境下，正需要广大团员青年坚定信心，全面提升自身素养，强化责任意识、担当意识、自律意识，做到不信谣、不传谣，同时还要辟谣，澄清事实，让谣言不攻自破。

现在的网络谣言，内容繁杂、形式多样。有很多谣言甚至列出一堆看似真实的数据，几乎达到以假乱真的地步。但是，谣言终归是谣言，假的真不了，只要认真观察，就会发现破绽百出。下面列举几种识破谣言的方法。

第一，追查消息的发布者。

一般情况下，如果一条信息在发布时挂上某名人、专家的名字或政府部门的牌子，比如"据某某说"，但没有说明信息内容发生的具体时间、地点，也就是看不到消息的具体来源，那多半就是谣言。如果信息来源提及某个政府部门，团员青年可以打电话求证或到其相关网站查询。

第二，预报很准确的消息，真实性一般不会太高。

有些谣言为了证明其真实性，多半会把某件事情发生的时间、地点描述得十分精确，比如说山西地震，时间精确到了2月21日凌晨。实际上，以现在的科技水平，对于地震信息的预测，还达不到如此精确的程度。因此，如果看到某个信息的预测结果太精确，就要提高警惕了。

第三，"伪科普"的背后是忽悠。

疫情期间，网上曾有一篇转发率非常高的文章《疫情之上，建议喝点高度白酒》，说"喝白酒可以抵抗新型冠状病毒"。众所周知，平常我们用于消毒的酒精，是"医用酒精"，跟"高度白酒"是两个概念，两者并不能等效代替，所以喝白酒消毒是伪科普。

"如何解救深陷伪科普的长辈？"这个话题曾引起众多网友的讨论，很多人现身说法，称自家老人大量购买保健品，劝也劝不住。其实，别说老年人，很多年轻人也会中招。在不少中老年人的微信朋友圈，往往能看到大量转发的所谓"科学研究表明"的文章，涉

# 第六章
## 信心要坚定一点

及教育、医疗、养生等中老年最为关注的领域，这些文章有一个共同的特点，那就是标题特别吸引人："很多医生没办法治好的病为什么喝这个可以治好"；"这独家秘方，现在错过了，还得再等五年"；"据说99%的人都不知道这个养生秘诀"……

为什么这些伪科普会赢得部分民众的信任？原因不外乎几点：第一，引用国外"权威数据"，比如"世界卫生组织最新报告数据表明"，国外的数据，大多数人不好查，也不会去查，"外来的和尚会念经"，挂上国外一些科研机构的名称，猛一看就特别真，反正很少有人会去查原文；第二，罗列一些让人看不懂的术语，比如"破壁提取××小分子""运用独创的OV技术"等，显得很专业，一些人懒得花时间去查阅相关资料，很容易就轻信了；第三，讲故事，比如"女生痛经不舒服，喝点红糖水就好了，女生都这样"，通过分享过来人的经验和说法，取信于人。第四，给真相一点时间。

当代社会竞争激烈、生存压力大，导致很多人急功近利、心浮气躁，有时为寻求刺激还会做点出格的事以博人眼球。不过，只要头脑清醒，大多数人经过深思熟虑还是能做出理性选择的。

其实，发生真相大反转的事件还少吗？2020年5月3日，"女司机被暴力殴打"的视频在网上疯传，网民谴责男司机。第二天，四川新闻网提供了一段录像，视频中，女司机两次突然变道。舆论又开始谴责女司机。

经济合作与发展组织在2015年发布的一份《科学框架》报告指出，普通民众需要的是分辨科学与伪科学的能力，不被伪科学、迷信迷惑，这才是提升民众科学素养的目的所在。我们团员应该更主动提升科学素养。

在信息爆炸时代，每个人都可以发声，网络以惊人的速度放大了个人声音的传播效果，致使大众容易被一些声音误导，但当真相逐渐明朗之时，反转事件也就比较容易发生。真相到底如何，我们要更相信官方的通报，他们会派专人调查取证。所以，团员青年要做"真相控"，遇事少冲动，多思考，不断提升判断信息真伪的能力，给真相浮出水面一点时间，做一个真正的理智派达人。

| 第三部分 |

# 最好的团员"有听法"

——听话要听声，领悟对方的"话外音"

第七章

# 立足大局，倾听中央的声音

- 有千里马而不遇伯乐，千里马难以脱颖而出；
  有伯乐而无千里马，伯乐就无用武之地；
  只有把伯乐和千里马联系在一起，
  才能实现各自的价值。

# 第七章
## 立足大局，倾听中央的声音

# 一　有全局意识，全面正确地理解国家发展战略

大多数青年都知道"盲人摸象"的故事，每个盲人都只摸到了大象的一部分，结果据此得出片面的——当然也是错误的——结论。只有把这只大象从头到尾全面地摸一遍，有了一个整体印象后，才能知道大象的真正形象。这个故事告诉我们：要学会从整体看问题，不能听风就是雨。

### 1. 用发散思维分析问题

团员青年遇到问题时，要学会用发散思维来分析，把与这个问题相关的其他方面都关联起来，从全局出发寻求解决之道。

北宋真宗年间，皇宫内发生一场大火，多所宫殿受损。要迅速修复这些宫殿需要解决三个问题：一是从城外取土，路途遥远；二是工程所需建筑材料量大，短时间内难以组织大量的运输车辆和人员施工；三是如何处理由此产生的大量建筑垃圾。怎么才能做到"一举而三役济"呢？

古人的施工方案是这样的：首先下令把皇宫前面的一条大街挖成大沟，就地取土烧砖；其次将皇宫外的汴河之水引入大沟中，用船只运竹木等建筑材料；最后，当工程完工后，再把碎砖废土回填到沟内，修复原来的大街。

这个经典案例全面考虑了施工的各个环节及彼此之间的相互联系，既节约了建筑资源，又大大缩短了工期，实现了整体目标最优化。

"海不辞涓流而成其大，山不拒土石终成其高"，每个人的工作都关乎大局。造飞机有贡献，拧螺丝钉也是一件必不可少的事，团员青年要从我做起，从点滴做起，在小事中积累做大事的经验，做好小事，成就大事。

**2. 用综合思维来认识事物**

团员青年要培养综合的思维方式，那什么是综合的思维方式呢？

苏轼在《琴诗》中写道："若言琴上有琴声，放在匣中何不鸣？若言声在指头上，何不于君指上听？"这首诗批评了两种片面性的认识：一是光看到琴的作用，只讲"琴上有琴声"；二是只强调指头的作用，认为"声在指头上"。大家都知道，优美动听的琴声，是由人的手指拨动琴弦而产生的，琴和手指两者缺少任何一个，就难以奏出美妙的音乐。听到琴声，想到的不是手指头在响或是琴在响，而是手指拨动琴弦的结果，这就是综合的思维方式。"田忌赛马"也是运用综合思维方式的典型。

齐国的大将田忌很喜欢赛马。有一回他和齐威王约定，进行一次比赛。孙膑发现大家的马按奔跑的速度都可分为上、中、下三等，而齐威王三个等级的马都比田忌的强，但是只要策略运用得当，完全可以取胜。随后孙膑告诉田忌："大将军，请放心，我有办法让你获胜。"田忌听后非常高兴，随即以千金作赌注约请齐威王与他

# 第七章

### 立足大局，倾听中央的声音

赛马。比赛前田忌按照孙膑的主意，用上等马鞍将下等马装饰起来，冒充上等马，与齐威王的上等马比赛。比赛开始，田忌的马失败。第二场比赛，还是按照孙膑的安排，田忌用自己的上等马与国王的中等马比赛，田忌的马获胜。关键的第三场，田忌的中等马和国王的下等马比赛，田忌的马再胜，结果二比一，田忌赢了齐威王。

用综合的思维方式认识事物就是要有全局意识，但并不是要看轻局部的作用，只有把局部做好了，整体才能发挥出应有的功能。就好比"田忌赛马"，他无法局局都赢，所以必须输掉一局，去换取其他两局的胜利，从而取得整体的胜利，这也是综合思维的胜利。

但是，要记住，输也是有选择性的。商场中有个奥狄思法则，是指在每一次谈判中，你都应准备向对方做出让步，哪怕这种让步使你痛苦。但这种让步不是轻率的行动，必须慎重处理，必须做到因为让步而让失去的利益小于让步产生的好处。

## 二 与时俱进转变思维，自觉把中央精神落到实处

团员青年为什么要与时俱进？因为就像一个人的成长历程有发展关键期一样，国家在每个阶段也有相应的重要目标去实现。团员

## 向着太阳前进
### 做最好的团员

青年要想为国家做贡献,就要跟上国家发展的节奏,及时转变思维,自觉把中央精神落到实处。

**1. 聆听中央的声音,保持与时俱进的精神状态**

正如毛泽东同志在《党委会的工作方法》中所说:"弹钢琴要十个指头都动作,不能有的动,有的不动。但是,十个指头同时都按下去,那也不成调子。要产生好的音乐,十个指头的动作要有节奏,要互相配合。"做事情要分主次、分先后,不能乱弹琴,一个国家更是如此,要发展得有节奏,就要每一个时期都有一个排在第一位的发展目标。比如,抗战时,抗击敌人、保卫国家是头等大事,青年都投入抗战的队伍中去,只有先把日本侵略者打败,才能去谈其他事情。如果战役正打得胶着时,你去谈经济建设就有点儿不切实际了,到处战火纷飞,如何发展经济?

到了改革开放时期,发展就是我国的头等大事了。要想人民吃饱饭,就要把经济发展起来,以经济建设为中心,把发展作为我们最重要的方向,集中优秀人才,迅速突破。没有经济地位,在国际上是没有发言权的,更别说为本国争取权益了,所以为建设现代化中国而努力就成为团员青年的理想。

2000年,我国经济总量是10万亿元,2012年增长到50万亿元,2020年突破100万亿元,"形势喜人",但随着改革的进一步深入,财富分配变成了一个大问题,如何解决可持续发展与公平公正的问题,已成为我国当前及今后一段时期内必须要解决的问题。

# 第七章

## 立足大局，倾听中央的声音

哪里有需要，哪里就要有团员青年，那么如何知道国家的需求呢？这时就要用心聆听中央的声音，中央发出的号召就是团员青年前进的方向。

习近平总书记在深圳经济特区建立40周年庆祝大会上强调："中国特色社会主义是物质文明和精神文明全面发展的社会主义。全面建设社会主义现代化国家，既要不断丰富物质财富，也要不断丰富精神财富。"如果两只手都捧着"物质建设"，只管GDP的增速，那么经济建设速度上去了，人心却物质化了，一切向"钱"看，把"钱"途作为做人做事的唯一标准，这样下去，一个国家是难以长远发展的。而社会主义现代化建设需要各方面协调发展、可持续发展。

从"可持续发展是社会生产力发展和科技进步的必然产物，大家一起发展才是真发展，可持续发展才是好发展"，到探索迈向碳中和之路，步入中国可持续发展新进程，国家对于可持续发展道路的探索越来越深入，我们团员青年也应该与时俱进跟上国家发展的步伐。

### 2. 戒骄戒躁，居安思危，把中央精神落到实处

毛泽东在《在中国共产党全国代表会议上的讲话》中提到，"戒骄戒躁，永远保持谦虚进取的精神。"尽管我国经济总量已经跃居世界第二位，但我们国家还没有到"处处富裕，人人无忧"的状态，同发达国家相比，我国的经济实力、科技实力、国防实力还有很长一段路要走，尤其是在高科技核心技术方面，仍需要青年长期地去

拼搏努力。

　　生于忧患，死于安乐。当年的闯王李自成，带领队伍经过艰苦卓绝的战斗，攻克了明王朝的首都北京。但是，起义军的领袖们在夺取政权以后，放松了对自己的要求，过起了骄奢淫逸的生活，忘记了劳动人民的本色和起义的宗旨，很快便腐化堕落，走向灭亡。毛主席曾说："李自成是农民领袖，揭竿领兵，前仆后继，好不容易取得了胜利，一骄傲就失败了，连他自己的性命都没有保住，我们可不要当李自成呀！"

　　对一个国家来说，小富即安的思想仿佛"温水里的青蛙"，"把猎人当朋友的狮子"，是要不得的。在当前这个国际环境下，如果青年不思进取，是非常危险的。我们不能沉湎于既有的成就，要跳出发展的舒适圈，紧跟国家发展的步伐，用实际行动落实国家发展要求。

第八章

# 正确领会上级指示，
# 打造上领下达的内部秩序

- 对于一个团队而言，
  服从上级指挥，才能保证政令畅通，
  才能使团队以整体的力量完成上级交付的任务。
  假若上有政策、下有对策，
  大路朝天各走一边，
  那么，不但做不成事，
  还会造成四分五裂的局面。

# 一　领导讲话用心听，听得好才能沟通顺

很多管理者吐槽，现在的年轻人一点儿都不好管理，动不动就炒老板鱿鱼，尤其是"95后""00后"。只要公司或领导的哪个规定、哪个事情，甚至是哪个习惯他们不喜欢，就直接提离职，而且辞职理由千奇百怪。比如网上有个非常有名的辞职信："胃不好，消化不了老板画的饼"，用网友的话说就是"直戳老板的心窝子"。所以，一些类似《如何与"00后"沟通》《"70后""80后""90后""00后"工作特点》《领导怎么管理"00后"员工》等文章的点击率非常高。

其实，有沉淀才能有成长。离职能解决一切问题吗？职场不同于校园，身份变了，从学生转变为职场人，心态就要相应调整，换个角度去倾听、理解领导的话，也许会得到不同的结果。

### 1. 不要给领导的话设防火墙，用积极的态度去聆听

对于沟通不畅的问题，要分两方面看：一方面有些领导讲话全是套路，内容上空洞无物且底气不足，对听的人来说，实在是一种折磨；另一方面，有些人年轻气盛，觉得自己有经天纬地之才，把别人正确的建议和提醒当耳旁风，就会很容易在工作上出现失误。

有一部电视剧叫《云上的诱惑》，里面有这样一个情节：一个

# 第八章
### 正确领会上级指示，打造上领下达的内部秩序

机械师的徒弟因为粗心，把手套落在了驾驶舱，机械师赶紧请机长给 5 分钟寻找的时间，因为机务部的任何一样工具，哪怕一块抹布，都是有编号的。如果不能及时找到，飞机就不能起飞。虽然最后顺利找到了丢失的手套，有惊无险，但谁能保证每一次都那么幸运？机械师之前再三跟徒弟强调过，对于机务人员来说，无论什么工具丢了，都会给飞机的飞行带来隐患。徒弟每次都答应得好好的，可还是因为马虎出了差错，徒弟总是想当然地认为不过一个手套而已，落在飞机上能造成多大的事故呢？

由此可见，知道不等于做到。罗翔老师在他的节目中不止一次说过，"知道和做到之间的差距非常大"，工作中，每个人"知道"的事情都不少，可当真正操刀时往往就是两样了。

《礼记·乐礼》中说："凡音之起，由人心生也。"推而广之，只有听懂别人表达的意思，才能沟通得更好，事情也才能做得更好。沟通的前提是倾听，与人交谈时，有些青年往往心不在焉，不用心听别人讲什么，只急于表达自己的观点，因此很容易与人起争执。

其实倾听并不难，团员青年在工作中，先要放下自己的想法和判断，用心去接近领导的需求和指示，这时候，领导说得越多，你就越了解他的想法，从而更能有针对性地提出解决方案，更快达到有效沟通。只要你善于观察，就会发现，在工作中能做出成绩的人，基本上都是善于倾听和沟通的人。

### 2. 听领导的话不是听口令

"听领导的话"与"听口令"是有区别的。比如在一些突发事件中，上级机关或领导发出命令，必须刻不容缓、不打折扣地执行，这就是"听口令"。但大多数情况下，领导的话是原则性不变，而细节、方法是可以根据实际情况的不同进行调整。如果不管三七二十一，领导怎么说，我就怎么干，那就是机械执行。

其实机械执行也不是新鲜事，赵括纸上谈兵、马谡失街亭，都是经典案例。在现实生活中，有种情况特别常见，就是许多人收到通知后不去思考其背后的用意，而是马上执行，至于通知中的要求是不是符合实际，有没有风险，完全不顾执行过程中会不会产生什么预料不到的问题，觉得即使出现问题那也是上面的错，是领导的错，毕竟自己只负责执行。

比如"机械式洒水"。洒水的目的是让城市环境更好，而不仅仅是把这项工作完成就好。但是有时遇到天气多变，计划赶不上变化，就要及时反馈、沟通，调整洒水时间，如果不管气候条件是否合适，只管把自己的任务完成，就会出现洒水结冰导致路况险情的荒唐事。

任何一项工作，都不是为了开展而开展，一味地唯上不唯实，并不会真正令领导满意。团员青年既要用心倾听领导的讲话，也要勇于及时反馈、提出不同意见。

新冠肺炎疫情防控期间，许多公司为了提升团队成员的凝聚力，通过各种各样的团建来提高员工与公司的联系。但团建的效果，往

## 第八章
### 正确领会上级指示，打造上领下达的内部秩序

往很难理想，有些人认为公司团建是在折腾员工，简直就是对身体和精神的双重折磨，宁愿不团建。一家文化公司的人资部门就面临这样的一个难题，集团领导发文，要求人力资源部门牵头，组织一次团建。人力资源主管面临两个选择：一个是按照领导要求、按流程执行即可，但这样做的结果，十有八九没什么效果，而且还会让员工反感；另一个是根据实际情况，向领导提出修改意见，这样做可能会让领导不满意，也增加了自己的工作量。后来，这位人力资源主管从团建时机、员工意愿、责任分工等方面提出了合理化建议，并形成一份《关于团队建设活动的反馈及建议》，呈给了领导。最终方案获得了领导和员工好评。可以说，人力资源主管的这份建议书非常及时，解决了一个工作难题。

所以团员青年在做事情时，重点要从工作结果出发，提出合理化建议，协助领导解决问题，而不是一味"躲事"，这样才能形成良好的上下级关系，也更容易在工作中做出成绩。

## 二 正确处理与同事的关系，打造团结协作的团队

"开展批评和自我批评，勇于改正缺点和错误，自觉维护团结"

是对团员青年的明确要求。在学校里，因为同学关系比较单纯，所以大家比较能接受同学的批评和建议。那走上工作岗位后，同学变成同事，又该如何对待同事的建议或抱怨呢？

虽然团员是青年中的优秀代表，但是我们不能要求别人为人处世的方法都和自己一样，因为人的个性、受教育程度、生活环境等都不尽相同，行事风格自然也就迥然不同。

与同事相处，要学会"择其善者而从之，其不善者而改之"；对于同事说的话，也以虚心态度有选择地听取，如果能正确分辨同事的话是善意的劝告还是恶意的羞辱，那么在工作中将会收到事半功倍的效果。

### 1. 以合作的态度，融入团队合作

小事靠个人，大事靠团队。关羽式的个人英雄主义，在如今这个大协作的时代，已经越来越不适用了。21世纪很多重大的创造性活动，都将依赖于跨国家、跨地区、跨学科的团队协作。

在团队合作中，追求的是群策群力、集思广益，如果凡事以我为尊，听不进同事的建议，更接受不了同事的批评，即便你是最好的团员，也只有被踢出局的结果。

中国的登月计划实施时间长达20年，其间参与的总人数将近50万，涉及2万余家公司、几十所大学，没有团队合作意识何谈成功？

孙家栋，2009年度国家最高科学技术奖获得者，中国最年轻的"两弹一星"元勋，同时也是中国最年长的探月工程总设计师。他说：

# 第八章
### 正确领会上级指示，打造上领下达的内部秩序

"我们航天精神有一句话，就是'大力协同'。团队中，除了共同学习，更要共同支持。离开集体的力量，个人将一事无成。"在几十年的工作中，孙家栋非常看重团队的力量，他把取得的成果都归功于自己的团队。

1967 年，国家决定组建中国空间技术研究院，由钱学森担任院长。在导弹设计领域已小有名气的孙家栋，由钱学森亲自提名担任中国第一颗人造地球卫星"东方红一号"的技术负责人。

研究卫星不是一个人的事，需要从各部门抽调技术骨干，组成一个研发团队。孙家栋挑选了 18 名来自不同单位的技术人员，这 18 个人就是中国卫星发展史上著名的"十八勇士"。要知道，这 18 个人在各自单位都是独挑大梁的人物，能将他们组成一个团队并发挥超强的凝聚力和战斗力，孙家栋的总体协调能力可见一斑。

"十八勇士"之一、后来成为神舟飞船总设计师的戚发轫说："孙家栋是小事不纠缠、大事不放过的人，跟他在一起痛快！""中国航天真是一个集体。"孙家栋一直以自己的团队为荣。对于在卫星研究上取得的成绩，他说，当年刚开始搞卫星时，大家都没有经验，就连先做卫星还是先做卫星上的仪器这样简单的事都搞不定。如果不是后来大家"你给我创造条件，我给你创造条件"，集体发力，可能什么事都做不成。很多媒体在报道中都把孙家栋称为中国"卫星之父"，但孙家栋非常反对这个头衔，他总是反复强调，卫星是"大家一起造的"。

今天，中国航天事业取得了巨大成就，背后历经的无数辛酸恐

## 向着太阳前进
做最好的团员

怕只有亲身经历的人才清楚。1974 年 11 月 5 日，我国发射第一颗返回式遥感卫星失败。直到现在孙家栋回忆起当时的情景，仍忍不住难过。那次火箭发射 21 秒后，瞬间爆炸，在场所有人都流下了眼泪。但工作还要做下去，孙家栋带着 200 多人，在戈壁上捡残骸，在沙地里一块块捡，不管是一颗小螺丝还是小碎片，都捡回来仔细研究，有同事还用筛子把混在沙子里的东西筛选出来研究。团队的士气一度低落，孙家栋鼓励大家不要灰心，不要被失败吓倒。最后实验证明，是一段质量不过关的导线导致了这场爆炸。

"我们经常说千人一枚箭，万人一颗星，火箭发射是千军万马办的一件事情，所以它是绝对高风险的产品，有时候一个螺丝钉没拧紧就要全部报废，一根导线质量不好，我们整个工程千百人的心血，国家多少个亿的投资瞬间就会全部报废。"孙家栋说。

工作中常可以听到有人抱怨自己的同事"这个人自以为有点能力，就目中无人，谁的话都听不进去，个人英雄主义严重……"在某种程度上，个人的成功，不能说是真正的成功，整个团队的成功，那才叫真正的成功。实际上，在某种程度上，个人英雄主义没什么错，但个人英雄主义必须服从团队意识，与团队共进退，才能真正有助于团队的发展。

当代的团员青年要向孙家栋这样的老一辈科学家学习，学习他们刻苦钻研、为国拼搏的精神，更要学习他们的团队合作意识，为集体服务，抛弃个人的成见和私欲，坚决成为团队中最忠诚的一员。

# 第八章
## 正确领会上级指示，打造上领下达的内部秩序

### 2. 用分析的态度，倾听不同的意见

批评总是令人不舒服，但又是必需的，团员青年应该如何听取别人的批评？我们先来听听中国航天研究团队是怎么说的。

对航天研究团队的成员来说，最希望得到的不是同事的赞美，而是批评和建议，只有同事们多提意见，才能促进工作高效开展。团队中，每个人的分工不同，看问题的角度也不同，你觉得没问题的事，可能在同事那里就行不通。这时不能以为是同事故意跟你过不去，拆你的台，而应以开放的心态，与同事真诚探讨，通过多交流沟通，不仅能解决分歧，还有助于在日后的工作中正确对待同事的建议或批评。

已经去世的陈芳允院士曾是孙家栋的同事，他曾说，孙家栋虽然年龄小，但为人处事很谦虚，非常注意用分析的态度倾听不同意见，因此他常能够在工作上、学术上得到大家伙的支持。

在我国通信卫星研制时，孙家栋时任空间技术研究院院长兼通信卫星总设计师，陈芳允先生是测控技术方面的专家。陈芳允经过大量研究，向孙家栋提出一个建议：在卫星上应用"微波统一测控系统"。但这项技术以前从未在卫星上使用过，如果推翻以前的方案，同意采用新技术可能存在巨大风险。孙家栋并没有因为自己可能承担的风险而否定陈芳允的建议，而是立刻组织技术人员进行大量试验，认真地研究分析后，提出了一些建设性意见，并最终采纳了陈芳允的建议。事实证明，"微波统一测控系统"对卫星测控切实可行，同时，实现了一台设备多种用途的目的，节省了星上设备，还降低

了卫星功耗，减轻了卫星重量，减少了设备故障环节，明显提高了卫星的可靠性。

兼听则明，偏信则暗。只有善于倾听不同的声音，才能比较全面客观地了解和掌握各方面情况，才有利于做出理性的判断和正确的决策。

每个人在看问题时都可能被自己的立场和思维所局限，其实不同的意见更能弥补彼此在认知上的不足。更多时候，别人持不同意见不等同于对你的否定。所以，要想成为最好的团员，就要善于倾听不同的意见，集思广益，这样能激发团队中其他人的主人翁意识；反之，对不同的声音不重视、不高兴，甚至一味否定，终将损害团队成员的积极性，阻碍团队的进一步发展。

第九章

# 学做有心人，多听听群众的声音

- 要做百姓拥护的人，
  首先要赢得百姓的心。
  但总是坐在办公室里是不行的，
  必须走出去，到百姓中间去，
  了解民众的真实生活状况，
  才能为百姓办实事，
  获得群众的认可。

# 一  有诚心才能听到群众的心里话，才能发现问题

"扶贫必需精准不落一人一户，病情迫在眉睫却一拖再拖，扎下帐篷扎下了根，签上名字就立下了军令状，没有硝烟的战场你负了伤，泥泞的大山你走出了路，山上的果实熟了，人们的心热了。"这是《感动中国》栏目组给张渠伟的颁奖词。

### 1. 与百姓同心，六年坚守扶贫一线

2014年，张渠伟赴任四川省渠县扶贫和移民工作局局长时，被当地的贫困状况吓了一跳。当时的渠县是四川省第二贫困县，也是远近闻名的"稀饭县"，全县的精准识别贫困人口是143802人，相当于10个人中约有1个人是贫困户，而工作人员只有10多名，但每一名扶贫人都立下了军令状，必须要让渠县摘掉贫困的帽子。

基层一线扶贫工作，没有亲身经历难以体会。为了"扶贫路上、绝不落下一户一人"的誓言，张渠伟一心扑在脱贫攻坚第一线上。"他每天的工作状态就是，下乡核实信息，回来晚上在办公室加班，不到凌晨2点，几乎不会休息。"张渠伟的同事这样说道。

"我知道累，但是责任在身，只有撸起袖子加油干。"他常常6点起床下乡，晚上10点才从乡下回来。有时到偏远的农户中调查，驱车需要100多千米，太远了不能回家，张渠伟就带着帐篷，晚上

## 第九章
### 学做有心人，多听听群众的声音

  住在帐篷里将就一晚，因此，很多贫困户亲切地称他为"帐篷"局长。有一次，张渠伟带着一个项目组到小寨村开展项目规划。当时的小寨村，山高路陡，穷得连一条泥碎路都没有，办完事下山时，张渠伟乘坐的汽车突然失控，司机狂打方向盘撞向一旁的石壁，才没有掉入山崖，但车里的人都受了伤。张渠伟简单包扎过后，立即回到了工作岗位，尽快帮助小寨村完成了村道和移民解困集中安置点规划。

  由于经常熬夜和超负荷工作，张渠伟患上"双眼开角性青光眼"，还患上少见的"耳石症"。"视力左眼降至0.04，右眼降至0.6。立即办理住院手续，接受手术治疗。"但张渠伟不想住院，单位还有一大摊事要忙，"没时间住院啊，能不能利用药物保守治疗？"医生苦口婆心，"再拖下去就会面临失明的危险"。家人也求他先做手术，"我没有时间做手术，目前全县没有谁比我更熟悉扶贫工作。扶贫军令如山，言必行，行必果。明年我们渠县一定要摘帽"。就这样，张渠伟"一手拿眼药水，一手抓工作"，坚守在扶贫一线。

  "是张局长帮我们硬化了60多公里的村道，让全村70多户群众住进了移民解困集中安置点……"提起张渠伟，贫困户话里话外都充满了感激。"以前的群众烦干部上门，现在的群众都想干部、盼干部上门，这样的改变源于真情帮扶，干部做了群众的贴心人。"群众的眼睛是雪亮的，一个干部是不是真的把百姓放在心中，为百姓办事，群众心里是有数的。

**2. 赢得高度公信力，需要一颗赤诚心**

"农村基层工作最讲究的是诚信，你要敢于拍胸膛，让他相信你。拍胸膛拍得当当响，结果一场空，那也不行。"张渠伟如是说。

易地扶贫搬迁是全国脱贫攻坚的一道难题，渠县的情况也是如此，很多贫困户不愿搬迁。一次，张渠伟问一位住在深山的贫困户为什么不搬，"下山后我去哪里养羊？生活怎么办？"这句话深深地触动了张渠伟，是啊，易地搬迁绝不是简单地一搬了之，必须解除群众的后顾之忧才行。

于是，张渠伟提出"产业围绕房子转，房子围绕产业建"的工作思路，着力解决贫困户搬迁后的生产生活问题，切实做到了搬迁一户脱贫一户，各方皆大欢喜。产业主很高兴，农民的房子挨着他们的产业园，这样一来请工人方便多了。贫困户万清阳以前住的房子地势低洼，经常被洪水淹没，但由于他的腿有残疾，害怕离土地太远，无法找到其他收入，不愿搬迁。张渠伟对他说："你别担心，我保证你搬迁后，收入比现在只多不少！"经过多次开导，他终于同意搬迁。现在他逢人便说："搬进新家太安逸了，房前屋后都有产业基地，像我这样腿脚不便的在家门口都能挣到钱！"

其实，渠县贫困村的基础条件都很差，本地企业不愿投资。张渠伟便萌生了"引老乡、建家乡、助脱贫"的想法。他想到了渠县籍退役军人王超，王超在福建发展得很好，于是，张渠伟三赴福建，做王超的工作。但初次见面，王超只是礼貌性地陪张渠伟吃饭，绝口不提返乡投资的事情。张渠伟不甘心，又请了王超的父亲，终于

# 第九章
## 学做有心人，多听听群众的声音

第三次见面时，张渠伟刚一开口，王超就说："张局长，你别说了，我跟你走！"

返乡后，王超建了 4 个种植基地，带动 400 多户贫困户人均增收 1600 元以上。他还组织 29 名退役军人，成立了退役军人联合党支部，以党建引领脱贫攻坚。这一创新做法得到了中央领导同志的肯定。

"情系农村，情系农民，上为政府分忧，下为百姓解愁。"张渠伟说，这就是一个扶贫干部该做的事。当他被评为感动中国人物时，"内心很平静"，"荣获这份荣誉将激励我更加扎实地工作、努力地拼搏，继续坚持办实事、做好事，确保贫困群众脱真贫、真脱贫、不返贫，为渠县在 2020 年与全市、全省、全国同步实现全面小康做出贡献"。

人心换人心，四两换半斤。在党的群众路线工作中，张渠伟积极团结群众、动员群众、组织群众，始终把群众的利益放在首位，深入群众了解生活现状，关心群众切身需求，鼓励群众积极参与到脱贫攻坚中，用实际行动和为人民服务的赤诚心逐渐提升公信力和向心力。对团员青年来讲，要学会与老百姓交心，真心实意为老百姓服务。

## 二 会听群众的话，群众才会听你的话

有的干部把关心群众当成一种表演，私下里只关心个人利益，无视群众利益，百姓有疾苦、有怨言，他只装作听不到，而一旦站到台前，马上就换了一副嘴脸，假装忧国忧民，但他们蒙骗不了群众的眼睛，而有的干部不辞辛苦深入基层，用心倾听群众的诉求，设身处地为群众办实事，排忧解难，这样的领导干部，才会成为关心群众利益的有心人，自然也会得到人民群众的衷心拥护。团员青年要学习后者，多听群众的声音。

### 1. 做事之前先听听群众的想法

2010年，习近平总书记在中央党校2010年春季学期第二批入学学员开学典礼上提到："不能和群众谈心，你说的话群众听不懂，怎么会有感召力？怎么指导实践、推动工作？"一些地方开展作风整顿年活动，不少干部住村蹲点后感慨地说："在老乡家拉家常与在办公室接待群众来访不一样，睡在农家硬板床上考虑问题与坐在办公室沙发上考虑问题不一样，能够发现平时在办公室看不到、听不到的问题，学到在办公室学不到的新思想、新话语，拿出在办公室想不到的新思路、新举措。"

央视网系列视频《到群众中去》中有一个人物叫徐进，是贵州

# 第九章
## 学做有心人，多听听群众的声音

省委组织部党员教育中心副主任，当时他和另外4名工作队员来到国家二类贫困镇——贞丰县白层镇的巧苗村开展驻村工作。巧苗村是白层镇最贫困的村，全村940人，人均年纯收入只有3000多元。刚驻村时，考虑到村里吃饭不方便，徐进一行人带了两箱方便面，可没想到的是，当他们去村民家想讨点热水泡方便面时，村民却不给，一定要让工作队来家里吃饭，"碗端不到一起，话就说不到一块"，朴实的民风让徐进一行人哭笑不得。

当然，随意到老百姓家吃喝也是不允许的，所以之后工作队每次去村里入户调查时，都会割上几斤肉、买些青菜，和村民在一个锅里吃饭。这样村民高兴了，逐渐把工作队当作"自己人"，通过交流，徐进发现，自从贵州省里启动农村危旧房改造后，巧苗村里80%的村民都得到了补助款，陆续盖起了新房，大部分村民的吃住问题已经解决，但他们当下最大的问题是缺少现金收入。

徐进一行人了解到这个情况后，走访了县城三个大型牛市场，发现当地的肉牛市场空间很大，关键是当地人多种植甘蔗，甘蔗尾叶可用来养牛，如果每户养上几头牛，每年可增收两三万元。但去村民家里一问，10家却有7家不想养，因为没有养牛的本钱。徐进想办法联系上省里一家基金会，贴息为村民贷款130万元。如今，村民们的养牛事业越做越大，不但做起了牛肉加工，还把牛肉销售到了其他市县。

群众意见是一把最好的尺子，但有些团员青年听见做群众工作就发怵，觉得与群众难以沟通。其实，群众是最明理的，只要你听进去群众的诉求，真心为他们解决问题，他们也会全心全意地支持你。

### 2. 对群众有真情实感，才能融入群众

一个人是不是在作秀，群众心里跟明镜一样。对百姓有真感情的人，才会把百姓的事放在心上，并想尽办法去解决，这样的人才能真正融入群众中。

1982年初，习近平同志来到河北正定县先后担任县委副书记、县委书记。他来到正定做的第一件事，就是通过调查走访，想办法了解正定的老百姓生活得怎么样？老百姓的收入怎么样？他骑着自行车跑遍了所有的乡镇，甚至在大街上临时摆桌子听意见，在集市上亲自发放民意调查表，跟群众聊天、拉家常。

当时任正定县副县长的王幼辉回忆说："我们骑自行车下乡，随走随看，主要是看庄稼长势。到了公社，就向公社抓生产的主任了解情况；到了大队，就向大队抓生产的干部了解情况。近平在乡下调查的时候，除了问生产以外，还经常问社员家里的情况。他很喜欢和老百姓聊一些家常话，大家都觉得他这个人很随和，很亲切。后来，据当时县委分管农业的副书记闫书章告诉我，近平在正定短短3年内，骑着自行车跑遍了全县所有公社、所有大队。"

当习近平了解到正定县虽然粮食高产，但群众仍然贫困的主要原因在于粮食征购任务太重时，他亲自给中央写信向上反映情况，最终得到了中央的重视，使问题圆满解决。时任县长程宝怀对习近

# 第九章
## 学做有心人，多听听群众的声音

平说，"你为正定人民办了一件大事，正定人民永远忘不了你"。

在正定，习近平同志还做了很多开创性工作。当时一家剧组要拍摄电视连续剧《红楼梦》（1987年版），习近平得知消息后，把电视剧外景地争取到正定来。1986年荣国府建成开放以后，第一年门票收入达221万元，收回大部分投资，还给旅游增加了1761万元的收入，直到今天还在接待游客、创造利润。

"我将无我，不负人民"，这是习近平总书记"赤子之心"的生动写照，更是广大团员青年应该学习的目标，不论在哪个岗位，担任什么职务，都要用实干求发展，把人民的希望变成生活的现实。正如著名诗人臧克家所说，"骑在人民头上的，人民把他摔垮；给人民作牛马的，人民永远记住他"。只有对人民群众有真感情，人民群众才会真正拥护你、支持你。

| 第四部分 |

# 最好的团员"有做法"
——愿做事会做事能做事不怕事

第十章

# 在践行使命和担当中
# 实实在在做事

- "行胜于言"是清华大学的校训之一。
  少空谈，多做事，
  能实干，能行动，
  是一个人品质、修养的体现。

# 第十章
## 在践行使命和担当中实实在在做事

# 一 响应时代召唤，为西部发展贡献力量

为了实现可持续发展，我国从 2000 年就开始实施西部大开发战略，为青年一代提供建功立业的广阔舞台。团员青年是国家的生力军和突击队，要肩负起时代赋予的使命，把对祖国的热爱、个人价值的追求转化为建设西部的实际行动。

正所谓前途是光明的，道路是曲折的，西部大开发不可能一蹴而就，急功近利要不得，要有打"持久战"的觉悟和决心。对于想为国家发展做出贡献的热血团员青年来讲，我们需要用火热的激情和冷静的头脑协助党推进国家制定的西部大开发战略。

### 1. 去基层一线奋斗，莫让青春"打酱油"

"青年"两个字总和使命紧紧相连，不同时期，青年肩负的使命也有所不同。从根本上来说，青年的使命就是国家的需求。正是一代一代青年的不懈奋斗推动国家发展大步向前。

"人走得太快的时候应该停下来，让灵魂跟上。"这是电影《志愿者》里的一句话，曾打动了无数人的心。李文韬一直想为西部做点什么，于是在清华读研期间，他自动休学一年，参加团中央、教育部举办的"中国青年志愿者扶贫接力计划研究生支教团项目"，申请到西藏志愿支教，他想用实际行动践行清华的校训"行胜于言"，

想"用一年不长的时间，做一件终生难忘的事"。

具体的实践过程比想象中困难得多。李文韬被分到西藏职业技术学院建筑系，担任08级工民建2班班主任。摆在他面前的任务很重：除了每周要上24节专业课，还要做"保姆式班主任"，只要是和学生有关的事情都要管。他用购买学生家自制的糌粑的方式来资助家庭贫困的学生，告诉学生"家庭出身不能选择，未来的道路却能选择"；他每天用两三个小时和学生聊天，了解他们的思想，关心他们的生活和学业；甚至还为学生募集救助资金……

"堂堂正正做人，踏踏实实做事"，这是李文韬教给学生的道理，他也在用心践行这一点。李文韬说："在西藏的每一天都很充实，每一天都被一些事情触动着，每一天都在用心努力着，每一天都在付出着，同时又在收获着、成长着。我愿在忙碌与琐碎中坚持，在平凡中践行一名支教志愿者的责任。"

### 2. 把个人融入国家需要之中

《马克思 恩格斯 列宁 斯大林论教育》一书中，有一篇马克思在中学毕业时就职业选择问题所写的文章，其中有一段内容：

> 如果我们选择了最能为人类幸福而劳动的职业，那么，重担就不能把我们压倒，因为这是为大家而献身，那时我们感到的就不是可怜的、有限的、自私的乐趣，我们的幸福将属于千百万人；我们的事业将默默地、但是永恒

# 第十章
## 在践行使命和担当中实实在在做事

发挥作用地存在下去，面对我们的骨灰，高尚的人们将洒下热泪。

正如为千千万万人的幸福而努力的马克思一样，"是七尺男儿生能舍己，做千秋鬼雄死不还乡"，在西部大地上，还有很多默默奉献的人，他们一直在努力，从来没有忘记初心，更无悔当年扎根西部的选择。

"95后"双胞胎姐妹花王如梅和王如花是2020届毕业生，妹妹王如花偶然看到学校贴出的大学生志愿服务西部计划报名通知后，立即告知了姐姐王如梅，姐妹俩一拍即合，都报名参加了当年的大学生志愿服务西部计划，并成功入选。其实，姐姐王如梅早就有投身西部、奉献青春的念头，"在大学刚入学时，我当时的辅导员王健华老师就因为支援新疆而没法继续带我们班级，此后，他在朋友圈发的故事和经历让我很向往。没想到，如今，自己也能有这样的机会参与到西部建设中，我感到很开心、也很激动"。姐妹俩懂得感恩、懂得回报，用自己所学把家乡建设得更好的奉献精神，让父母也为她们感到骄傲。

王星泽，来自四川绵阳，2018年高考时未能考取原本向往的大学，虽然还有其他可供选择的好学校，但他经过几番思考后，毅然决然地选择了中国石油大学（北京）克拉玛依校区。经过一段时间的学习和生活，王星泽逐渐爱上了这里，也越来越坚定自己的选择，并决心留在这里。毕业时，他就和中国石油塔里木油田公司签订了就业协议，准备从化工操作工做起，投身到西部建设中去。

2020年7月，在中国石油大学（北京）克拉玛依校区首届毕业生中，有118名同学选择留在新疆基层，他们给习近平总书记写了一封信，汇报了他们大学四年在学习和思想上的收获，表达了他们扎根西部、建设边疆的坚强决心。7月7日，习近平总书记给他们回了信，"得知你们118名同学毕业后将奔赴新疆基层工作，立志同各族群众一起奋斗，努力成为可堪大用、能担重任的西部建设者，我支持你们作出的这个人生选择"，并"希望全国广大高校毕业生志存高远、脚踏实地，不畏艰难险阻，勇担时代使命，把个人的理想追求融入党和国家事业之中，为党、为祖国、为人民多作贡献"。

在西部，还有很多像王如梅和王如花姐妹这样的人，而且他们中有很多人是"00后"，他们扎根西部，用行动诠释了新一代青年的精神追求。

西部大开发需要更多的热血青年参与进来，团员要以身作则，深入基层，以实际行动激励更多的青年投身其中。有志于献身祖国的热血青年，记住孔繁森同志的一句话吧：老是把自己当珍珠，就时常有怕被埋没的痛苦。把自己当泥土吧！让众人把你踩成路。

# 第十章
### 在践行使命和担当中实实在在做事

## 二　仅仅能干事是不够的，能团结共事才能干成事

能干事的人，不一定能跟人共事。团员青年要增强与人合作的能力，善于与其他人相互补充，实现合作共赢。如果只依靠自己的力量，很难创造更高的价值，"没有完美的个人，只有完美的团队"，团员青年要在工作中保持凝聚力、向心力，为全局利益团结他人的力量，在集体中实现自己的价值。

### 1. 要有和别人分享的姿态，要有愿意为别人服务的精神

团员青年怎么增强与人共事的能力？怎么把其他人团结在自己身边呢？俞敏洪曾讲过这样一个事例："有一个企业家和我讲起他大学时候的一个故事，他们班有一个同学，家庭比较富有，每个礼拜都会带六个苹果到学校来。宿舍里的同学以为是一人一个，结果他自己一天吃一个。苹果是他的，不给你也不能抢，但是从此给同学们留下一个印象，就是这个孩子有些自私。后来这个企业家做事很成功，而那个吃苹果的同学还没有取得成功，就希望加入这个企业家的队伍里来。但后来大家一商量，说不能让他加盟，原因很简单，因为在大学的时候他从来没有表现出分享的精神。所以，对同学们来说，在大学时代你学的第一件事是得跟同学们分享你所拥有的东西，感情、思想、财富，哪怕是一个苹果也可以分成六瓣，大家一

起吃。因为你要知道,这样做你将来能得到更多,你永远不会白白付出。"

谁愿意跟一个只知索取、只想得到的人共事呢?在一个团队里工作,首先就要有主动分享和为其他人服务的意识,不要老想着别人都为你服务。

俞敏洪在北京大学上学时,干了不少"吃亏"的事情。他们宿舍没排过卫生值日表,因为打扫卫生的活儿都由俞敏洪做了,而且一做就是4年。除此之外,他每天都去给宿舍同学打水,他觉得同学之间互相帮助是应该的,并不觉得打水是一件多么吃亏的事情。毕业后开始创业的俞敏洪想找到志同道合的创业合伙人,就带着大把美元跑到美国和加拿大,告诉他的同学在中国也能赚钱,希望以此诱惑他们回国创业。最终他的同学回来了,却是因为另外一个理由。"我们回来是冲着你过去为我们扫了4年的地,打了4年水。"他们说,"我们知道你有这样的精神,所以你有饭吃肯定不会给我们粥喝,所以让我们一起回中国,共同干新东方吧。"

4年义务打开水,这种精神怎能不让人敬佩?别说4年,就是干1个月,只怕我们大多数人也难以坚持下来。可是俞敏洪做到了,正是这种分享、互助精神,让同学愿意回国与他一起创业,因此才有了后来的新东方。

打开水、打扫卫生都是"小事",有些团员青年觉得这种琐碎小事不值得做。更何况,他们会想:凭什么要我多付出?凭什么要我吃亏?应该由大家共同承担的事情为什么要由我来做,还要心甘

# 第十章
在践行使命和担当中实实在在做事

情愿？傻子才这样做呢。而俞敏洪曾经就以这样的傻子精神取得了同学中最令人瞩目的成就。要知道，很多时候，金钱无法解决的问题，一个人的品格和精神或许会使前路柳暗花明。

### 2. 在求同存异中实现共同目标

团员青年应该时刻意识到：只有团队不断发展壮大，个人才能从中获益。正如那句俗话：大河里有水小河里满。

在团队工作中，工作绩效的优劣高下，往往与共事环境的和谐程度相关。古语说得好："千人同心，则有千人之力；万人异心，则无一人之用。"团队作战，最怕各藏私心，将个人利益凌驾于团队利益之上，置共同目标于不顾。如何看待个人与团体的关系呢？

毛泽东曾说过："我们都是来自五湖四海，为了一个共同的革命目标，走到一起来了。"与人共事，要始终想着共同的目标，不能让个人的好恶左右自己的工作态度，陷入"小我"的泥潭里。如果整天琢磨怎么"谋人"，长此以往，哪有心思和精力谋事？不管是同事之间还是同学之间，唯有"舍小我，为大我"，才能实现共同的理想。

当然，我们提倡团员青年追求共同目标，并不是要扼杀每个人的个性，恰恰相反，优秀的团队是非常尊重个人兴趣、特长的，每个团员青年应该充分发挥自己的特长，展现自己的能力，从而形成积极向上的团队氛围。

就拿一个球队来说，踢前锋和踢后卫的球员所擅长的技能并不相同，因此成功的教练能让他们充分发挥自身特长。反过来，不管前锋有多厉害，后卫有多厉害，如果他们不能为了共同的目标通力合作，那他们个人的价值也得不到体现。

对团员青年个人来说，以"八仙过海，各显神通"的精神做好自己的分内事，同时又能协助同事把事情做得更好，就是为完成共同目标贡献自己的力量。

### 3. 人与人的合作离不开包容意识

领导最大的本事，不是自己能干成多大事，而是能带领大家干成多大事。如果你能把性情各异、能力有别、观念不一的人拢在一块儿组成一个团队，那说明你有非常强的领导能力。就像汉高祖刘邦一样，他文不如萧何、张良，武不如韩信，却赢得了天下。

在电视剧《亮剑》里，李云龙和政委赵刚可谓是最佳搭档，但两人刚成为工作搭档时也"掐"得非常激烈。从工作能力上讲，李云龙不按套路出牌，非常善于抓住战机；赵刚非常讲究原则，善做思想工作，可以说两人都是非常优秀的人才。但从作风上来讲，李云龙是一个绝对强势的上级，还特别看不上"文化人"，用他自己的话就是，政委就应该老实巴交地在后方搞搞宣传、开解一下战士的烦心事等，至于打仗，那是团长和营长的事！所以，当赵刚来到独立团当政委的时候，李云龙就想方设法地想把赵刚给弄走，甚至故意找碴儿和赵刚吵架。但是赵刚生气却不赌气，凡是不符合规定的他照样都要提出来，找李云龙讲道理，分析事情的利害关系，绝

# 第十章
## 在践行使命和担当中实实在在做事

不退缩、绝不放弃，这一点也让李云龙很是佩服。正是这些磨合拉近了双方的距离，让他们更了解彼此。

两人关系发生转折是在攻击坂田联队时，那时，赵刚三枪干掉三个鬼子，让李云龙顿时刮目相看，开始真正去尊重、了解自己的合作伙伴。而赵刚对李云龙的认识也有所改变，两人开始互相理解、包容，赏识对方的长处。比如"大字不识一筐"的李云龙开始跟着赵刚学文化，政治觉悟明显提高，军令意识、服从意识、大局意识明显增强，独立团最终成为"一支嗷嗷叫的部队，一支拖不垮打不烂的部队"和他们两人放下芥蒂，互相包容有很大关系。

团队是一个相互制约的集体，每个成员的职责不同、性质不同，不可避免会出现各种矛盾，我们不妨从对方的角度出发，想一想如果自己在这个岗位上，会做出什么样的决定和成果。比如赵刚曾对李云龙这样说过，"我的性格是，谨慎有余，魄力不足"，"如果我是团长，我会把独立团带成一个遵守纪律的模范团。但遗憾的是，这样的部队未必是一支强悍的部队"。如果我们能像赵刚一样有这样的反思，或许就能理解和包容对方的一些做法和意见了。

团队中有不同意见是很正常的，没有不同意见才是不正常的。不管是领导者还是团队成员，能虚心听取不同意见才是真正具有大胸怀的人。当然，不同意见很少有不刺耳的，可能有些反对意见有失偏颇或比较偏激，甚至纯粹是一种宣泄和牢骚，听了让人感到不舒服。但正所谓宰相肚里能撑船，团员青年想要不断进步，就应该理性接纳这些意见。因为至少这些反对意见可以作为一种参考或警示，让人更清醒，从而端正工作态度。

团结就是力量，有了这样的力量，无论你是在学校里与同学一起学习，还是在单位中与同事一起共事，都能得到更广泛的支持。如果有一群人愿意与你一起去迎接各种考验，何愁做不成大事。

第十一章

# 能做事：不怕困难，善于想办法

- 团员青年要成长为国家的有用之材，
  必定要经过一番磨炼。
  一旦选择了道路，
  哪怕路上荆棘密布，
  也要义无反顾，顶住压力，
  坚定勇敢地走下去。

## 一　干哪一行都不容易，都需要付出努力

团员青年要努力学习各种文化知识，因为"知识就是力量"，但与此同时，团员青年也要培养动手实践的技能。空有知识而没有动手能力，知识的力量就发挥不出来。

"北大才子卖猪肉"的新闻曾一度传遍大江南北，并引发了人们对人才浪费问题的大讨论。北京大学是全国高等学府之一，培养精英的摇篮，相信不少人看过陈生卖猪肉的新闻后，即使不发出"浪费人才"的声音，也会对陈生的选择感到可惜！在人们潜意识中，能进入北大的学生，头上便有了耀眼的光环，这些人的未来定是一片光明。

这是因为在中国人的意识里，"万般皆下品，唯有读书高"，所以进了大学的人，未来理所当然就"高人一等"，工作得体面，工资还要高，让那些"普通群众"只有羡慕的份儿……时至今日，多数大学生也逐渐成为"普通群众"，如果还摆不正心态，放不下清高，"毕业即失业"将成为一种普遍现象。

"大学生就业难"如今已经成为我国的一个大问题，解决这个问题，需要社会各方面的努力。但是从团员青年自身来说，一方面要在学校时注重实践技能的提升，另一方面要摆正就业心态，放下身段，从基础做起，积累经验，然后再逐步发展。只要有真本事，

# 第十一章

### 能做事：不怕困难，善于想办法

再低的岗位也能把你托举起来。

## 1. 再卑微的工作，做到极致就是成功

团员青年都希望有一份体面的工作，这样能被别人尊重，但人们真正尊重的是那些自食其力的人，不是自命清高、眼高手低的人。

特别是对团员青年来讲，无论什么出身，不管做什么工作，都要摆正心态，放下身段，敢于、勇于从小事、从低处做起，持之以恒，以团员精神严格要求自己，把手上的工作做到极致就一定能实现自我价值。

王红军的工作单位听起来很气派：东海舰队航空兵某飞行团。别人一听工作单位通常就以为他是个飞行员，眼里顿时充满羡慕，但他不是开飞机的，他只是擦飞机的。

开飞机与擦飞机，这区别可大了，一个擦飞机的，不就是给飞机打扫卫生吗？这能有多大的技术含量？能有多大价值？王红军刚开始也是这么想的。那时他还是新兵，班长对他说："要干机务，先擦飞机！"他愣愣地接过班长丢给他的抹布，一时难以适应。但没办法，擦就擦吧。

最初王红军的心情有些失落，这跟他的理想相差太远了，但他没有放弃，坚持做了下来。渐渐地，他发现了擦飞机的好处：每擦一次飞机，他对飞机的情况就又熟悉了一遍。就像我们从书上看到的飞机部件，和亲手摸到飞机部件的感觉肯定不一样。

发现擦飞机的好处后，王红军越擦越用心，他开始把飞机当成

自己的"脸"来爱护，所以凡是飞行团里最干净最亮的飞机，那一定就是王红军擦的。

凡事只要用心就能做出彩来。

在一次飞行任务前，王红军像往常一样精心地擦着他的"脸"。当他擦到飞机发动机底部壳体的时候，手指触摸到一块微微凸起的漆皮，这让他起了疑心，因为以往擦这个部位的时候，机器表面都是平坦的。他小心翼翼地刮掉漆层，用手电筒和反光镜反复仔细地观察，还用细砂纸轻轻地打磨壳体，在放大镜下，他看到一条两毫米长的裂纹！他立刻把这个情况报告给上级。经过相关人员检测，确定这是发动机壳体劳损引发的裂纹。发动机是飞机的心脏，如果飞机带着"心脏病"上天，很有可能机毁人亡，后果不敢设想。王红军因此荣立三等功。

擦飞机也能擦出三等功，这告诉我们：做工作不怕起点低，关键是能不能让自己的工作在积累中一天比一天有价值，最终从量变实现质变。

但遗憾的是，我们在生活中最常听到却是这样的话："这活儿小学生都能做，我一个大学生做这样的事情有辱我的智商！""我是一个要做大事的人，做这样的小事简直就是浪费时间！"

不管在社会中还是在职场中，那些爱抱怨的人都是"自视甚高"的人，他们看不起"小事"，也看不起做"小事"的人，觉得自己是"大材小用"，可一旦让他们去做点"小事"，他们还做不好。你要是为此批评他，他就委屈得要"六月飞雪"，认为上司是故意找碴儿，

# 第十一章
### 能做事：不怕困难，善于想办法

独自在那里悲天怨地，哀叹没有伯乐发现他"盖世的才华"。

因此，团员青年要摆正自己的就业观，做基础工作不见得就没有前途，职业不分高低贵贱，分贵贱的是你的心态。

## 2. 工作的价值取决于你的心态，好学才能有成长空间

团员青年要"不断提高为人民服务的本领"，就要不断学习。学校学到的知识在日后的工作中是远远不够用的，因此团员青年要本着积极上进的态度，努力学习新知识、新技能，不断提升自己的工作能力，打造更广阔的个人成长空间。

王红军就是一个积极上进的人，他并不满足于已经取得的成绩，他认为擦飞机也是技术活，不比其他工作的劳动价值低，还需要不断精进。

在王红军看来，擦飞机不仅是保养飞机，还关系到战友的生命。只有确保飞机零故障，战友才能安心地驾驶飞机翱翔蓝天。但是王红军只有高中学历，不懂飞机的专业技术，要想把飞机摸透，他需要学的东西还有很多。

一旦找到工作的价值，学习动力就被彻底调动起来。王红军寻找一切时间学习飞机的专业知识，通过自学，硬是拿到了本科文凭。在自学《空气动力学》《工程力学》等20多门专业基础课程中，他摘抄了20多本笔记，那厚厚一大摞就是他的努力成果。

就这样，一边学理论，一边练实际操作，王红军从一个擦飞机的普通士兵变成了飞机机械师，但是他并没放弃自己擦飞机的工作，

因为他舍不得这张"脸"。

苦心人，天不负，王红军的努力最终得到了回报，因为安全保障飞行 900 小时，王红军又荣立二等功。后来的王红军，成了团里的红人，业务尖子，到哪里都让人敬佩，但他仍然把擦飞机当成自己必不可少的工作。

一份工作有没有价值，干了才知道，不要只站在那里抱怨，能挖掘出工作的内涵和价值，做出成绩来，这就是能力。团员青年有雄心壮志，这自然是好的，但不能"心比天高，手不动弹"。"纸上得来终觉浅，绝知此事要躬行"，小事情里面也有大智慧，从基础做起，才能站得稳走得远。

## 二　遇到困难多想办法，绝不半途而废

团员青年想成才，必定得经受一些考验，如果风平浪静时把口号喊得震天响，一遇到困难就退缩，那么这样的人永远也攀不上人生的高峰，只有不畏艰险、奋力攀登的人，才能看到山顶绝美的风光。

# 第十一章
## 能做事：不怕困难，善于想办法

### 1. 想要解决问题，先要融入工作

鲁迅先生曾经说过，中国自古以来就有埋头苦干的人、有拼命硬干的人、有舍身求法的人、有为民请命的人，他们是民族的脊梁。"感动中国 2020 年度人物"中，就有一位特别令人敬佩的老人，他叫毛相林，已过花甲之年，是重庆市巫山县竹贤乡下庄村村委会主任。

下庄村在巫山县竹贤乡的大山深处，四周全是高山，外出的路只有一条绝壁上的羊肠小道，祖祖辈辈几乎与世隔绝。全村差不多 400 人，如果要到县里办事，从村里到县城需要走 3 天，可见这个村有多么闭塞。1997 年，毛相林担任下庄村村支书，看到村里的情况，他没有被吓倒，而是决心带领村民改变现状，在悬崖上抠出一条通向外界的路。但村民根本不相信他能做到，因为开出这样一条路，需要大量财力和物力，而他们连一台机器都没有。

毛相林没有退缩，他找到驻村干部方世才，两人经过协商达成一致意见，先制定出实施办法，然后组织村支两委干部统一思想，召开片会、社员会、群众会。毛相林说："山凿一尺宽一尺，路修一丈长一丈，就算我们这代人穷十年、苦十年，也一定要让下一辈人过上好日子！"

为了让村民认识到修路的可行性和村里的长远发展，毛相林反反复复和村民打嘴仗、算细账，终于达成修路共识。修路的过程是艰辛的，困难一个接一个，但他们目标明确、团结协作、排除万难、坚持到底。7 年后，终于在 2004 年修成了 8 千米长的绝壁天路。

路修通了，但怎么让大家富起来呢？又是一个难题。毛相林不

## 向着太阳前进
### 做最好的团员

停地想办法，找项目，听说漆树值钱，他就带领村民在村里培育出2万余株漆树苗，可没想到当年夏天树苗全部旱死了。他仍不灰心，又尝试养山羊、种桑树养蚕，可都失败了。毛相林不断总结经验教训，不断尝试，他相信下庄村一定能走出一条新路子。于是，他请来县里的农业专家对下庄村的气候、土壤环境进行全面考察分析，最终确定下庄村的自然环境比较适合种植柑橘、桃树、西瓜三种水果。至此，历经15年披荆斩棘、攻坚克难，下庄村终于迎来致富的曙光。

"虽我之死，有子存焉；子又生孙，孙又生子；子又有子，子又有孙。子子孙孙，无穷匮也。而山不加增，何苦而不平？"毛相林带领原下庄村村民开山路的事迹，就是愚公移山的故事在当代环境下的最佳解读。截至2019年底，下庄村累计完成64户269人稳定脱贫，贫困发生率降为0.29%，农村居民人均可支配收入达12670元，是修路前年收入的40多倍。

"绝壁上打响了抗争命运的第一炮，山坡上种下了向往美好的第一棵苗。不信天，不认命，你这硬实的汉子，终于带着乡亲们爬出这口井。山到高处你是峰，路的尽头是家园。"这样的评价对毛相林来说，名副其实。

每一个时代楷模，都是一面鲜艳的旗帜，生动地诠释着社会主义核心价值观的真谛，他们在党和人民最需要的地方建功立业、发光发亮，续写着平凡工作中的伟大事迹。团员青年就是要学习他们这种精神，立足工作，融入工作，在实践中发现问题，然后在解决问题的过程中增长本领。

# 第十一章
### 能做事：不怕困难，善于想办法

**2. 遇到质疑先别慌，提升心理承受力**

青年的成长一直是习近平总书记挂在心头的事，"前进的道路从不会一帆风顺"，习近平总书记鼓励青年人要受挫而不短志，使顺境逆境都成为人生的财富而不是人生的包袱。

2013年，刚刚大学毕业的文竹积极响应党和国家的号召，来到黑龙江省漠河市北极镇洛古河村担任党支部书记助理，到2021年，她在北极镇已经工作了整整8年。北极镇是中国最北端的乡级行政区，这里冬季漫长，寒冷多雪，经常因大雪封山与世隔绝。"我上大学的时候，提到我的家乡漠河，有的人会说那里又冷又穷，那时候我就想，毕业后我要回到家乡，把家乡建设得更好。"怀着这种理想，文竹来到洛古河村，成了一名大学生村官。

洛古河村是一个很小的边境村落，北面跨过黑龙江就是俄罗斯。文竹刚到洛古河村的时候，村民主要还是以捕鱼、种地为生。怎样改善村民的生活呢？文竹挨家挨户地走访，了解每一家的生活状况，在充分掌握村民的实际情况后，她计划利用洛古河村的文化旅游资源，带领村民发展农家乐。但村民一开始都有疑虑：这个年轻的小姑娘知道什么是旅游吗？搞旅游能赚钱吗？能发展起来吗？村民们并不了解旅游业，所以对文竹也还没有足够的信任。面对质疑，文竹当然有些受挫，甚至委屈，但她很快调整心态，没有气馁，她知道，要想让村民信任她，首先得干出点儿成绩来。

说干就干，文竹先鼓励村民开办农家乐，结果村民当年的收入就翻了一番，这给了她极大的信心。她再接再厉，不断为村里的发展出谋划策，坚持开发与保护并重的思路，紧抓村民精神风貌建设，让村民在掌握技能的同时，也提高个人修养。功夫不负有心人，2016 年，文竹当选北极镇党委委员、宣传委员。2019 年，文竹又荣获"最美基层高校毕业生"，那一天晚上，文竹激动地哭了："当时我想，我做到了。"

2020 年末，文竹当选北极镇镇长，她在新岗位上干得风风火火。从一个懵懂的小姑娘，到如今的一镇之长，文竹把自己的青春年华奉献给了北极镇。

相信我们大家都想为国家、为社会做些事情，但说到不等于做到，实践的过程中必然会遇到困难和压力。对团员青年来讲，多经历点挫折是好事，这样才能经得起事，才能做成事，才能在人生历练中变得更乐观、更有力量。

## 三　只要努力想办法，一定会有好办法

俗话说天无绝人之路，觉得无路可走的人往往是不肯努力想办法的人。团员青年要做勤于思考和善于思考的人，要能在没有路的地方走出路来。其实，在这方面，老一辈的科学家已经为青年做出

## 第十一章
### 能做事：不怕困难，善于想办法

了表率。

20世纪五六十年代，面对严峻的国际形势，在当时国家经济非常困难的情况下，钱学森、邓稼先等老一辈科学家，与参与"两弹一星"研制工作的广大干部、工人、解放军指战员一起，发扬两弹一星"热爱祖国、无私奉献、自力更生、艰苦奋斗、大力协同、勇于登攀"的精神，在缺少资金缺少支持的处境下，从无到有、从小到大，突破了原子弹、导弹和人造地球卫星等尖端技术，打破了核大国对中国的核讹诈，保护了中国的国家安全。

对于当代青年来说，我们要学习以钱学森为代表的老一辈科学家身上奋发图强、百折不回的伟大精神，为国家经济发展战略转型做出自己的贡献。

### 1. 有信念，就不怕艰难险阻

喊口号人人都会，总说自己不怕困难是没用的，要看关键时刻敢不敢站出来，敢不敢接别人不敢接的任务。

1956年10月8日，负责新中国的火箭、导弹和航天事业发展的国防部五院宣布成立，钱学森被任命为院长，而这天也正好是钱学森回国一周年的日子。

虽然组织上给钱学森配备了一支队伍，但在这新组建的导弹研制队伍里，有刚刚分配来的156名大学生，他们对导弹研究一无所知，要从零学起。钱学森首先要做的，就是给这些技术人员讲授《导弹概论》，让他们从最基本的专业知识学起。整个五院唯一见过真导弹

## 向着太阳前进
做最好的团员

的只有钱学森,所以当时的中国要研制导弹,完全可以说是纸上谈兵。

虽然争取外援确实可以缩短我们的研制时间,苏联也曾答应援助我国,但是他们在科学研究核心领域和武器先进性方面,还是相当有保留的。

1957年,两枚苏制P-2型导弹和一个导弹营的主要技术装备运到了长辛店,一枚送到了炮兵教导大队,另一枚送到了国防部五院,与此同时,苏联还派相关人员帮助中国军方学习研究"教学导弹"。教学导弹虽然不能同真正的导弹相比,但毕竟是实物,学员们好歹对导弹有了一个大致的概念,这样学起来就容易理解和接受了。

在苏联专家的帮助下,钱学森带着学员们一边学习一边仿制。到1958年夏天,国防部五院终于把所有关于P-2型导弹的技术资料全都翻译出来,可与实物比对后,发现少了一些关键性的技术资料,但苏联方面就是不愿提供这方面的信息。没有这些关键性的技术资料,导弹就搞不出来,钱学森组织召开了技术骨干动员大会,号召大家自力更生,不依靠外援,自己想办法攻克技术难题。

其实更大的困难还在后边。1959年,中苏关系出现裂痕,苏联借口国际局势单方面撕毁合同,不再向中国运送图纸和样品等资料。1960年,苏联突然撤走全部专家,带走导弹资料。祸不单行,此时我国正面临严重的自然灾害,国民经济进入困难时期。

面对巨大的困难,钱学森没有气馁。他带领学员们采取大兵团作战、蚂蚁啃骨头的方式,集中所有的力量各个击破,逐个解决导弹研制中遇到的问题。

# 第十一章
## 能做事：不怕困难，善于想办法

在酒泉发射场，钱学森和其他科研人员一样，睡帐篷、吃粗粮，组织导弹试验的测试、计算、分析、研究。经过科研人员和工人的刻苦钻研，终于攻克了重重难关，1960年11月5日，我国第一枚导弹"东风一号"成功升空。

没有过不去的坎儿，在奋发图强的科学家面前，垮掉的只能是困难，不垮的永远是中国人的坚强意志。团员青年要像这些科研人员一样，即使面对再大的困难，也要有不被压垮的信念和意志。

### 2. 敢于自我突破，挑战更高难度

在投资中，高收益就意味着高风险，谁能面对、解决大困难，谁就能取得大成绩。钱学森为什么能取得这么巨大的成就？这与他困难越大越要往上冲的精神是分不开的。

1964年10月16日，中国第一颗原子弹爆炸，蘑菇云升起，举世震惊。不过，国外有人嘲笑我们有弹无"枪"，因为新中国当时还没有与之相匹配的运载工具。因此，钱学森的下一个工作目标就是给小型化的原子弹配备运载装置，这个任务落在了"东风二号甲"身上。钱学森满怀信心，决定为核弹头配上一把漂亮的枪——导弹，导弹与原子弹的结合将成为一把国之利器——核导弹，核导弹有巨大威慑力，当时世界各强国都将其列为重大研究课题。

那时的新中国步履维艰，强敌环伺，找不到任何外援，要想独立自主谋求发展，就需要战略意义的核武器。研发过程中，需要攻克的难关难以想象，但越"难"研制的武器越具有威慑力。钱学森

## 向着太阳前进
### 做最好的团员

蔑视"难"字，他以一颗赤子之心，立志要为饱受苦难的祖国，打造出最强最有力的国防利器。

顶着"只能成功，不能失败"的压力，钱学森和钱三强领导着科学家联合攻关，在基地上连续奋战了100多天。1966年10月27日，"东风二号甲"导弹携带原子弹从酒泉腾空而起，冲向蓝天，带着所有人的期盼，精确命中800千米以外新疆罗布泊的目标。自此，新中国结束了核武器"有弹无枪"的历史。这就是中国速度。

第一颗原子弹成功爆炸，让中国人民释放出空前的自信心；"两弹结合"试验成功，使我国的国防现代化建设又一次实现了历史性的跨越。从"两弹一星"到卫星回收，再到载人航天的发展，中国在航天领域的步伐走得越来越快。

美国有位航天专家说，在航天领域里，美国是一直跑在最前面的"兔子"，虽然这只"兔子"领先别人很多，但是现今在睡觉；而中国则像航天领域的"乌龟"，过去落后很多，但从没有停止前进。从落后到领先，是我国航天工作人员在老一辈科学家的领导下，充分发扬艰苦奋斗的精神，迎难而上，不惧时艰，才创造了今天的辉煌。

钱学森曾写道："今后我将竭尽努力，和中国人民一起建设自己的国家，使我的同胞能过上有尊严的幸福生活。"钱学森精神一直激励着中国航天人在科技领域不断自我突破，同时也激励着各个领域的人才进行自主创新。如今，在难得的战略机遇面前，广大团员青年更需要钱老这种"敢于想别人不敢想的，做别人不敢做的"的壮志和豪情。

第十二章

# 不怕事：
# 不怕打击和挫折，竭力实现目标

- "要办成这件事，比登天还难"

  似乎成了一些青年的口头禅。是真难吗？

  李白曾感叹的"蜀道难，难于上青天"，

  如今已是"天堑变通途"；

  苏轼"明月几时有？把酒问青天。不知天上宫阙，今夕是何年"，

  如今我们却把五星红旗插到了月球上。

  作为团员，一定要自觉意识到：越是困难越要迎难而上。

# 一　现实再困难，总要闯过去，逃避不是办法

在我国社会主要矛盾已经转化为人民日益增长的美好生活需要，和不平衡不充分的发展之间的矛盾的前提下，我们不仅对物质文化生活提出了更高要求，而且在民主、法治、公平、正义、环保等方面的需求也日益增加。就拿房子来说，近年来，尽管国家一直强调"房子是用来住的，不是用来炒的"，各地政府也采取了限购、限贷、"认房又认贷"、加大保障性住房供应等系列措施，但是房价仍然远远超出普通上班族的购买能力。

根据国家统计局和民政部发布的数据，从2013年起，我国结婚率持续走低，出现"五连降"，而离婚率却从2002年开始连续16年上涨，在2018年达到38%，有的省份甚至高达63%！现在选择晚婚、晚育的年轻人越来越多，可见当下青年的压力有多大。现实和理想之间，一个无法逃避，一个不忍舍弃，如何平衡？

### 1. 不与他人盲目攀比

人都有虚荣心，产生攀比心理是正常的，但是有些青少年却不顾自身条件，盲目与人攀比，结果给自己和家庭都带来麻烦。在这方面，团员青年要严格要求自己，不但自己不去与人比吃穿，还要帮助其他青年打消这种不良心理。

# 第十二章

## 不怕事：不怕打击和挫折，竭力实现目标

有一位大学教授出了这样一道选择题：假如你可以挣到一笔钱，金额可以是 11 万元或者 10 万元，如果你选择 11 万元，那么其他人可以挣 20 万元；如果你选择 10 万元，那么其他人只能挣 8.5 万元。你愿意选择前者还是后者？大多数人选择了后者。宁愿少挣点，也不愿意别人比自己挣得多，这就是攀比心理在作怪。

与以前相比，可以肯定地说，我们现在的生活条件好太多了。可物质生活越来越富有，我们的幸福感却越来越低，因为我们总是和那些物质条件比自己更好的人相比。

从某种意义上来讲，攀比有积极的一面，它可以让人认识到差距，见贤思齐，从而努力向上。当我们还是学生时，要比成长，比进步；走入社会后，比工作能力，比事业成就。在这种情况下，攀比让我们秉持着一种积极向上的心态，激励我们奋发图强。

如果比谁的老爸官大、比谁家里钱多、比谁排场面子大等，就会扭曲人的价值观。有些人被权力、金钱等外在东西诱惑，甚至为满足自己的虚荣心不惜铤而走险，以至锒铛入狱，遗恨终生，原因就在于此。

青少年喜欢攀比哪些方面？一项调查显示，选择"穿着打扮"的人占 83.3%，选择"电子产品"的人占 83.2%，选择"零花钱"的人占 52%，父母的工作也成为青少年之间攀比的内容。"爱美之心，人皆有之"，注重外表不是错，可如果一味攀比，大小物件都追求名牌，就会给自己年轻的心戴上沉重的枷锁，长此以往，还会造成性格扭曲。

团员青年应该放宽眼界，胸怀远大，不要把目光局限在身边同学、同宿舍的室友这一个小圈子里，要跟自己竞争，跟未来潜在的对手竞争，不断进步，超越自我，这样，才能在学校阶段获得真正的成长。

### 2. 不要妄自菲薄

有时我们会听到一些青年抱怨："我条件差，没背景，跟别人根本就不在一个起跑线上，怎么成功？"我们先来看看孔子的成长经历。

孔子说："吾少也贱，故多能鄙事。君子多乎哉？不多也。"意思是说：我小时候生活很艰难，所以能做很多粗活。贵族会有这么多技艺吗？不会有的。

孔子这是在用自身经历教导弟子：虽然每个人的出身条件有高低，但这并不是决定成功的唯一因素。用辩证的眼光看，外因是成功的条件，内因是成功的根据。

古人有诗云："朝为田舍郎，暮登天子堂。将相本无种，男儿当自强。"生下来就好命的人毕竟是少数，对大多数人来说，还是要依靠自己的奋斗，才能获得成功。穷困的环境不是导致你不成功的决定因素，关键在于你的内心，只要你不怕难、不怕苦，踏踏实实地去做事，一切皆有可能。

在现实生活中，我们可以看到有很多出身普通甚至穷困的人，靠着自己顽强的意志和拼搏精神，最终也获得成功。

## 第十二章
### 不怕事：不怕打击和挫折，竭力实现目标

2022年2月21日，一条新闻上了热搜，"这个冬天，张桂梅被搀扶着走完家访路"，作为华坪女子高中的校长，自2008年学校创立以来，张桂梅带着女孩子们走出大山、走出桎梏的故事感动了很多人。她身患重病却专心教育，把无数差点儿辍学的贫困女孩，送进了厦门大学、武汉大学、四川大学等名校的大门。

其实华坪女高的发展并不是一帆风顺的。办学之初，张桂梅经受了各种困难和打击，"她太天真了"，一位局长曾这样说，不相信她能办一所她"梦想"中的学校。张桂梅梦想中的学校是什么呢？一所让大山里的女孩都能读书的免费高中。为了这个梦想，她一到假期就到昆明街头募捐，可几年下来，收获的多是不理解和白眼，以至于连她自己都开始怀疑实现梦想的可能性。

"念念不忘，终有回响。"在希望之光最为渺茫的时候，事情出现了转机。2007年，张桂梅作为一名十七大代表参加会议时，因为裤子上的两个破洞，引起一位女记者的注意，两人也因此结缘，之后两人相约聊了一整晚，张桂梅原原本本地向记者讲诉了自己想做的事，做这个事的原因和现在遇到的困难，她的梦想和经历深深地打动了记者。不久后，一篇名为《"我有一个梦想"——访云南省丽江市华坪县民族中学教师张桂梅代表》的报道引起了社会的强烈反响，社会各界都关注和支持张桂梅办学校的梦想。2008年9月，全国第一所公办免费女子高中——丽江华坪女子高级中学正式开学，首届共招收100名女生。很多人都说华坪女高出来的学生，"自信坚强，能吃苦"，这也是张桂梅想要的，"让她们自信，觉得自

己比谁都不差","我要给大山里的姑娘一个尊严"。

　　天行健，君子以自强不息。华坪女高的学生大都来自贫困家庭，遇到张桂梅老师是她们的幸运，但更重要的是，她们自己也努力上进。就如第二届毕业生陈法羽说："我们来女高读书是来改变命运的，不拼拿什么和别人比？张老师也在拼啊！"如今，华坪女高的学生已遍布全国各地，许多学生也已成长为业务骨干。

　　我们无法选择出身，但我们可以选择改变自己的未来，只要还活着，就有改变的希望。正如华坪女高的校训所言："我生来就是高山而非溪流，我欲于群峰之巅俯视平庸的沟壑。我生来就是人杰而非草芥，我站在伟人之肩藐视卑微的懦夫。"作为团员，我们更要坚信自我，不要因低起点妄自菲薄，要刻苦、顽强地去战斗，打破命运的枷锁，赢得属于自己的一片天。

## 二　先别说难，先问问自己是否竭尽全力了

　　面对困难时，一个人的态度是决定结果的重要因素。不要一遇到难事，就说"太难了我做不到""我没有做过"。敢于拼搏才能拥有更宽广的未来。

## 第十二章
### 不怕事：不怕打击和挫折，竭力实现目标

**1. 越困难的事情越要努力去做**

任务还没开始，就被可能遇到的困难吓得不行，如何能做成事？一定要先把"不可能"的思想丢进你人生的垃圾桶，与其害怕失败，不如多去想想办法。

2018年之前，在亲友甚至家人眼里，张富清不过是一位普通老人，但在2018年底，国家开展退役军人信息登记后，大家赫然发现，张富清竟然是一名功名硕硕的战斗英雄！一次特等功、三次一等功、一次二等功，两次"战斗英雄"称号！可想而知，这些荣誉的背后，是超常的努力和无畏艰险的决心。

面对牺牲，他说，"为了党和人民，我打仗不怕死，每次攻坚战，都主动申请当突击队员"。在永丰城战斗中，张富清带着2个炸药包、1支步枪、1支冲锋枪和16个手榴弹，攀上寨墙，炸掉了敌人两个碉堡，交火时，他的头部被子弹掀起一块，如果弹道再低一点儿，当场就牺牲了。在身受重伤的情况下，独自坚守阵地，竭尽全力、舍生忘死，数次打退敌人的反扑。战斗结束后，张富清因表现英勇荣立军一等功，并获得"战斗英雄"称号，王震将军亲自给他佩戴军功章，彭德怀老总握着他的手亲切地说："你在永丰立了大功，我把你认准了，是个好同志！"

1955年退役转业时，张富清选择到大山深处的来凤县，这是湖北最西南的一个县，生活条件极其艰苦，建设和发展的任务极其繁重。但张富清说，"组织让我来就是为了解决工作中的矛盾和困难，否则要我们共产党员干什么"，"党把我派到这里来，我一定尽到

# 向着太阳前进
## 做最好的团员

应尽的责任,想方设法把工作做好,改变这里的贫困面貌,给群众搞碗饭吃",同事说他"工作中总是挑最困难的任务"。在全公社最困难的高洞片区工作时,张富清办事靠走,喊人靠吼,每天走10千米山路上班,连续4个多月与当地百姓一起吃住,和群众一道苦干,抡大锤、打炮眼、开山放炮,硬是在国家没有投入、没有专项征地拆迁费用的条件下,在海拔1000多米的悬崖绝壁上修通了一条公路,圆了高寒山寨土家苗族儿女的世代梦想。

习近平总书记说:"老英雄张富清60多年深藏功名,一辈子坚守初心、不改本色,事迹感人。在部队,他保家卫国;到地方,他为民造福。他用自己的朴实纯粹、淡泊名利书写了精彩人生,是广大部队官兵和退役军人学习的榜样。要积极弘扬奉献精神,凝聚起万众一心奋斗新时代的强大力量。"

张富清老人是我们团员青年学习的榜样。今天,虽然年代在变,岗位在变,但精神不变,不管未来或现在在什么岗位上,都应担当有为、竭尽所能,为中华民族的伟大复兴而努力奋斗。

### 2. 做事要全力以赴,而不是尽力而为

团员青年是初升的太阳,充满激情,充满干劲,做起事来要带着必胜的信念全力以赴,而不是以一种被动的心态尽力而为。

有这样一个故事:猎人带着猎狗去打猎,猎人成功地击中了一只兔子的后腿,兔子拖着受伤的腿拼命逃生,猎狗在后面紧追不放。许多人看到这里,都会以为这只兔子在劫难逃。可是追逐游戏进行

## 第十二章
### 不怕事：不怕打击和挫折，竭力实现目标

一段时间后，猎狗停止了奔跑，吐着舌头回到猎人身边。猎人非常不满，对猎狗说："你真是太没用了，竟然连只受伤的兔子都追不上！"猎狗也非常不满，对猎人说："我已经尽力了，难道你没看到吗！"受伤的兔子跌跌撞撞跑回了家，同伴们都围了过来，好奇地问它："你腿上受了伤，那只猎狗又那么凶猛，你是怎么把它甩掉的？"兔子没好气地说："因为我是全力以赴，而它只是尽力而为！它逮不住我，顶多挨顿骂，可我要是不全力以赴地跑，命早就没了！"

一个人竭尽全力地去做事时，能激发出很大的潜力，如果我们在做每一件事情时，都竭尽全力，全力以赴，还有什么事是干不成的呢？

在困难面前，是选择尽力而为，还是选择全力以赴，会导致两种不同的结果。在工作和生活中，领导交给我们任务时，朋友拜托我们帮忙时，我们常常会说"我尽力而为吧！"老说"尽力而为"的人，在做事时实际上大多难以尽力，因为他们总能找到理由来为自己开脱；而凡事全力以赴的人，遇到困难时会毫不退缩，积极想办法去解决问题，穷尽一切方法去把事情做到最好。

无论学习还是工作，团员青年都应该全力以赴，这样才会在回忆往事时不后悔，才会为燃烧的青春感到骄傲。团员青年，应该经常审视一下自己：每一天，是否虚度？每一件事，是否全力以赴地去做了？只有"全力以赴心中的梦"，才能谱写出生命的华彩篇章。

| 第五部分 |

# 最好的团员"有学法"

——学习是一种需要

第十三章

# 从中国传统文化中学习为人之道

- 在中华文明五千年的历史长河中,
  做人的重要性一直摆在非常重要的位置
  从孔孟的孝悌忠信、仁义礼智,
  到王阳明的知行合一,
  无不闪烁着做人的智慧。

## 第十三章
### 从中国传统文化中学习为人之道

## 一　穷不灭志，富不癫狂

中国传统文化中有很多值得青年学习的地方，比如应该怎样看待穷和富的问题，我们先看看古人是怎么说的。

《论语·学而》中有这样一段话："子贡曰：'贫而无谄，富而无骄，何如？'子曰：'可也。未若贫而乐，富而好礼者也。'"子贡问：一个人虽然穷困潦倒，但不去谄媚那些有钱人，一个人虽然富有，却不傲慢自大。先生您觉得这种人怎么样呢？子贡所说的这种人已经很了不起了，然而孔子却认为他们做得还不够好，所以回答说：还可以，但是比起那些虽然贫穷但乐于道、虽然富裕仍谨遵礼仪的人，他们有所不如。

团员青年要达到孔子所说的境界，还有点难度。但是如果我们能达到子贡说的"贫而无谄，富而无骄"，就很了不起了。从我们现在的社会环境来说，就是要做到穷不灭志，富不癫狂。

**1. 生在起跑线更应有社会责任感**

社会上对"富二代"这个群体的质疑声一直都有，还给他们贴上了诸多标签，如"躺赢""不思进取""一味追求享乐"等。

有人说穷人"仇富"，其实，这种说法有失偏颇，仿佛穷人容不得富人似的。人们只是痛恨某些以不正当手段暴富的人，以及未能制止这些不正当手段的制度漏洞，因为这让很多人失去了公平竞争的机会。

对于那些真正通过自我奋斗、无私奉献取得成功的人，人们是真心支持的。比如前段时间，网上热议袁隆平院士"家里已经有六七辆车"的消息，但几乎没有人对此有过质疑，相反倒是十分支持袁隆平院士，甚至有网友直言："给袁隆平爷爷配飞机都不过分。"

再说富二代。有些富二代并不同意社会对他们的评价，他们认为，不能因为有几个飙车的纨绔子弟，就把全部的富二代给否定了。现在的富二代，有的能传承父业，志向远大，甚至青出于蓝而胜于蓝；也有一部分富二代不思进取，除了会拿父辈的钱去挥霍享受以外，一无是处，这类人很容易出事。

其实，富二代从小接受的教育比一般人要好得多，有些富二代在后天发展上也像平常人那样努力，这样综合看来，反而更有实力。"我们别无选择地出生在这样的家庭，我们也像优秀的同龄人那样，懂得自己需要努力进取。与其叫我们'富二代'，不如叫我们'企业家二代'，我们继承的不仅仅是金钱，更是家族企业的责任。"作为富二代之一的刘思并没有富家子弟的骄狂，"我想用家里的一些钱做本金，自己创业，我学的也是贸易，从小到大跟着爸妈也了解了不少，先自己闯闯，看看自己到底有多少本事，我觉得我能做到不靠家里也能做出点东西来。我爸妈的钱都是自己赚来的，我家祖上都是农民。尽管我的条件是比别人好点儿，但我更应该做好自己能做的事"。

# 第十三章
## 从中国传统文化中学习为人之道

针对富二代的种种议论，温州中小企业发展促进会会长周德文认为："培养他们的创业精神和社会责任感，让他们在企业的第一线锻炼，使他们意识到父辈打造的天下不是个人的，而是全社会的。此外，投巨资送孩子到国内最好的学校读书或出国留学，更加不能忽视对他们品德的培养。第一代特别能吃苦，将吃苦作为必修课，第二代在这一方面就比较弱。"

诚然，同普通孩子相比，富二代在起跑线上就赢了一步，但是，人生并不只停留在起跑线上，笑到最后的才是真正的赢家。真正的成功，需要凭借自身努力去争取。

### 2. 不要让贫穷成为奋斗的绊脚石

对青年来说，可以没有高档手机，没有跑车豪宅，但不能没有志气。穷人更要去奋斗，去改变。而那些不再奋斗的人早晚会被淘汰，因为财富如水，是流动的。

但是穷并不代表我们要把钱看得高于一切，越是穷越应该明白人生奋斗的含义。正所谓，穷且益坚，不坠青云之志。

2021年的东京奥运会，中国"00后"运动员有58位，在中国代表团收获的36枚金牌里，11枚是由"00后"运动员赢得的，媒体评价：中国"后浪"惊艳东京！而其中最为大家关注的，是中国代表团中年龄最小的运动员、年仅14岁的全红婵。她先是以三跳满分的优异成绩夺得金牌，创造了新的世界纪录，而后又因为她背后的辛苦付出和特殊的家庭背景引发广大网友的关注，一句"要挣

## 向着太阳前进
### 做最好的团员

钱给妈妈治病"戳中万千网友的心。

全红婵出生于广东湛江的一个农民家庭，家中生活艰难，母亲因为出过车祸，身体很差，失去劳动能力，需要常年治病。在父母眼中，全红婵"听话懂事"，她从小学三年级就开始学习跳水，少小离家，却经常报喜不报忧，"挑练得好的事情告诉他，练得不好就不说了，不想让他着急担心"。每当休息回到家，全红婵就跟着爸爸在果园里帮忙干活，给种的橘子树施肥，"爸爸很辛苦却从不说困难"，"他永远是我的榜样"。

耳濡目染的全红婵受到父母的影响，训练非常刻苦，每次都是第一个尝试新动作和新高度，即使学校不安排训练，她也会一遍又一遍地钻研自己的动作，找出自己的不足，她可以为了一个动作练习一个下午。她的教练在赛后的采访中说道："全红婵对待训练的态度，是同年龄运动员中最投入的，平均每天陆上跳练习在 200 个到 300 个之间，水上跳在 120 个左右。"全红婵承认自己哭过，但次数不多。

生活上的窘迫和艰难，只是让她更加坚强，赛场上的她沉稳和冷静，内心却是充满自信和阳光，朝气蓬勃，"跟谁比都一样，不管怎么样，跳好自己的就行了"。

自信人生二百年，会当击水三千里。我们不是赞美贫穷，而是歌颂直面贫穷的态度，"艰难困苦，玉汝于成"，每一份磨炼都会增加生命的厚度和宽度。全红婵通过努力改变了命运，团员青年是不是应向她学习呢？物质的匮乏并不能阻挡前进的脚步，何不把那

## 第十三章
### 从中国传统文化中学习为人之道

一份乐观向上的心态、战胜贫穷的信念当作成长的礼物呢？

### 3. 可以穷身，不能穷心

《大学》中说："定而后能静，静而后能安，安而后能虑，虑而后能得。"在欲望和诱惑面前，团员青年必须懂得拒绝，守住底线。在困难和挫折面前，团员青年不要幻想等哪一日扬眉吐气，才敢抬起高贵的头颅，而是要从此时起，认真打磨自己。只有这样，才能不断实现自我突破，成为党的最强后备军。

"青云志"（全国学生资助管理中心、中国青年报社推出的微信公众号）曾发起一个话题：身边那些人穷志不短的故事。很多人在此话题下，讲述了自己或者身边人的故事，我们选两个来看。

网友"叫我雪成"的故事是这样的：

> 俗话说得好，"生活的理想就是为了理想的生活"。本人初中未毕业，怀揣着对梦想的渴望提前步入天地广阔的"社会大学"。工作5年以来，辗转于湘粤桂黔，在暴晒的建筑工地上干过小工，在高空的铁路桥墩上修过护栏，在两班倒流水线的服装厂里做过学徒。有过感叹生活不公的时候，但是面对着没学历没技术没存款的现实，不能轻言放弃。为了更接近梦想，为了获取更多的生存技能，我在工作的第3年开始白天上班、深夜看书写字投稿；工作第4年，35天内考取驾照；到今年，已经考了湘菜厨师中级

证。"虎瘦雄心在，人穷志不短"，是的，无论我们多么穷困潦倒，多么失魂落魄，只要我们还有一股志气，只要我们心中还有股对梦想的执念，就能渡过难关，迈向成功。

网友"邓有情"讲述他大学室友的故事：

大学室友"杰伢子"和我一样来自农村，他还有个弟弟，家里负担较重。大学期间他的母亲遭遇车祸，他依靠奖学金、助学金，勤工俭学、做家教等为家里分担了一部分重担。毕业时他顺利保送研究生，带着读小学的弟弟一起上学。如今他从事研发工作3年多，已经获得了两项发明专利。我想，社会中肯定有不少著名励志典范让我们感动，在我们的周围，即便有那么一批人不会像明星般耀眼，但奋发向上的态度同样值得我们敬佩和赞扬。

什么是"贫贱不能移"？这些人用他们的行动做了最好的注脚。团员青年就要向这些人学习，学习他们那种阳光的心态、顽强的意志，以及感恩的情怀，让自己的青春过得充实而有意义。

# 第十三章
## 从中国传统文化中学习为人之道

## 二　从青年榜样中学习自立自强

《大学》中有这样一段记载：尧舜率天下以仁，而民从之，桀纣率天下以暴，而民从之。其实，不管是个人的成长，还是国家的发展，榜样从来就如同高高举起的旗帜，为人们指引着前进的方向。共青团员是一个光荣称号，不仅是一种荣誉，同时也意味着责任和担当。团员青年要对自己有更高的要求，仅仅洁身自好是不够的，还要勇于担当社会责任，引领良好的社会风气。

### 1. 行动是孝心最好的注脚

孟子云："孝子之至，莫大乎尊亲。"

孝，是中华民族的传统美德，亲情也是人类众多情感中，最为重要的一种。尊敬老人、孝养父母是每一个中国人都应去做的事。

2019年，刘羲檬考入了哈尔滨师范大学东语学院。与其他同学不同的是，她是带着妈妈来上大学的。显而易见，刘羲檬来自一个特殊的家庭。

刘羲檬出生后不久，妈妈就因严重的类风湿性关节炎，生活无法自理，瘫痪在床，而后父亲也离家，失去联系。从小羲檬出生百天到会走路，是在小姨家度过的，当她回到家中，妈妈因为身体原因无法照顾她，反而是她，小小年纪就开始学着做家务，照顾妈妈。

## 向着太阳前进
### 做最好的团员

10岁时，当她听医生说按摩能帮助妈妈康复后，就向一个开按摩店的阿姨学习了简单的推拿，每天给妈妈做按摩，在她的坚持努力下，妈妈能够借助外力简单地行走了。曾有老师给羲檬写下这样的评语："你是一个令人十分佩服的孩子！这么小的孩子挑起了生活的重担，而你是那么的乐观、阳光！在学习上踏踏实实、各科成绩优异，能做到这些真是太不容易了！"

都说久病床前无孝子，可羲檬用她的实际行动打破了这个传言，妈妈王艳春满怀愧疚，始终觉得自己是失败的，成了女儿的"拖油瓶"，年少的刘羲檬却轻轻地为妈妈拭去泪水："妈妈，一切都会好起来的。你好好活着，有你在，我才有家。"

"她对母亲的孝行、对母爱的感悟，能净化人的灵魂。"班主任这样称赞刘羲檬。刘羲檬也用行动证明了勇敢面对一切困难和挑战的动力和勇气，用实际行动传承和注解了中华民族"孝"之美德，不由让人肃然起敬。我们一直在说要践行社会主义核心价值观，刘羲檬的事例告诉我们，把口号转化为真正的价值追求和行动自觉就是对社会主义核心价值观最好的坚守。

"孝敬、坚强、乐观"，刘羲檬身上这些可贵的品质，值得我们每一个人去学习。

### 2. 担当是青春最亮的底色

青年是支持一个国家发展的中流砥柱，青年的行为往往会影响社会风气，细观中华民族发展史，青年永远是改革的先锋、正义的

# 第十三章
## 从中国传统文化中学习为人之道

践行者。在抗击新冠肺炎疫情阻击战中，无数青年学子主动请缨，一个个平凡的身影投入防疫工作中，逆行、磨砺、成长表现出大无畏、敢作为的责任担当精神。

新冠肺炎疫情在武汉暴发后，中国矿业大学（北京）的大二学生谢小玉第一时间主动到东湖新城社区担任社区志愿者，成为社区内唯一的大学生志愿者和"00后"志愿者。她与另一名志愿者一起，负责对接东湖新城社区第30栋200多户居民的各种生活需求，如买菜、买药、跑腿儿、取快递，直接服务700余人。

2020年3月10日，习近平总书记考察武汉东湖新城社区，谢小玉向总书记汇报了社区志愿服务工作。习近平总书记听完汇报后说："过去有人说他们是娇滴滴的一代，但现在看，他们成了抗疫一线的主力军，不怕苦、不怕牺牲。抗疫一线比其他地方更能考验人。"

还有长安大学建筑工程学院大一学生徐卓立，随父亲奔赴抗疫一线，投身雷神山医院的建设中，连续6天连夜作战，顺利完成雷神山医院200余套淋浴间的设备安装工作，为医患人员的正常工作和生活提供了基本保障。雷神山医院从规划、设计、建设施工到交付使用，仅仅用了十多天时间，在这里有很多像徐卓立一样的建设者，有条不紊，忙而不乱，为中国速度再立新功。徐卓立说："在每一个岁月静好的背后，都有人替我们负重前行，我们需要做的，便是让自己强大起来，成为祖国和人民所需要的人才。"

就职于武汉市蔡甸区人民医院（武汉协和江北医院）的青年医

生夏思思,在救治患者后,主动申请留院观察,结果不幸被感染。在治疗期间,她主动把ICU床位让给其他患者。后因病情恶化,经抢救无效,不幸逝世。她的生命停留在了29岁的花样年华。

面对风险与挑战,青年群体能否拿出爱心与热诚、勇气与担当、团结与奉献,为民族发展和人民生活而奋斗,关乎我们国家未来的发展方向。正如梁启超先生在《少年中国说》中所言:"今日之责任,不在他人,而全在我少年。少年智则国智,少年富则国富,少年强则国强。"

## 三 从艰难困苦中学习感恩与担当

知恩图报是传统文化的基本要义。学会感恩,是青年的人生必修课,团员青年首先要从自身做起,感恩父母、感恩他人、感恩社会,内感于心、外化于行,把感恩从内心落实到行动中来,在社会上形成感恩的风气。

有这样一个故事,一名小学生在做一道数学连线题时,将一块砖与25克连在了一起,并且在这道题的后面写了一句话:我的爸爸是一名搬运工,他每天靠搬砖挣钱,倘若每块砖只有25克的重量,

## 第十三章
### 从中国传统文化中学习为人之道

爸爸就不会再那么辛苦了。当老师看到这句话时，写下四字点评：爱心无价。

父母辛辛苦苦将我们养大成人，在我们身上付出了太多的心血。静下心来想一想，我们应该如何在生活中表达对父母的感激之情？

其实感恩父母，并不一定要给他们锦衣玉食，只要平时多打电话唠唠家常，多回家探望父母，在生活上给他们关心，也让他们放心，努力工作，他们就会为你感到骄傲。同样，感恩大自然，并不是要我们节衣缩食，而是要在力所能及的范围内合理、有度地循环利用资源，让有限的资源发挥无限的潜力。

### 1. 感恩他人的帮助，把传递爱心当作追求

阿里木，一个赤诚的维吾尔族青年，公认的"草根英雄"。他出生于新疆和静县乃门莫敦乡，小时候家中生活主要靠父亲一个人的工资来维持，生活比较贫困。阿里木勉强读到高二时，家里就再也没有多余的钱供他去上学了，于是阿里木选择了入伍当兵。

从部队复员后，2002年，阿里木去了贵州毕节。那时，阿里木身上只有10元钱和一个烤箱。他买了1元钱的馒头，1元钱的荞麦凉粉，花6.5元买了1斤羊肉，串成35串，后来这35串烤羊肉串卖了17.5元。那段艰难的日子让阿里木记忆犹新，但阿里木记得最多的还是那些帮助过他的人。他说这个世界上还是好人多，一个农民工兄弟曾请他吃过一顿2块钱的豆花饭，这么多年过去了，他一直记着这件事。两块钱在别人看来可能微不足道，但阿里木却很感

恩，他说那个农民工兄弟赚钱也很不容易，两块钱也是钱，他这辈子都不会忘记那顿饭。

还有一件事，也是阿里木终生不忘的。当时他向一位不太熟悉的酒吧老板借了100元钱。有了这100元的本钱，阿里木就拼命地做买卖赚钱，结果没过几天他就将借来的100元钱还给了那位酒吧老板，两人从此还成了好朋友。

阿里木时时感念那些帮助过他的人，他在感激之余决定将温暖和关爱再传递下去，帮助那些正处于困难中的人们。"我们每个人，对他人都能多关心一点，这个社会就会更加和谐。"阿里木说。

2002年，阿里木途经贵州镇远县，当时那里的山林正发生火灾，阿里木主动跟当地群众一起扑灭了大火，当地政府还发给他300元现金当作奖励。后来，当得知毕节学院一名女大学生因为贫困而即将辍学时，阿里木通过当地的妇联组织，将这笔奖金再加上自己的200元钱，一起捐赠给了这位女大学生。2007年，阿里木带着自己辛苦赚来的5000元钱，来到毕节学院，提出要资助一些贫困生。

毕节学院的党委副书记汤宇华深受感动，因为阿里木带来的钱有零有整，还有羊肉串的味道，那可都是他的血汗钱，他要卖多少串羊肉串才能攒到这笔钱啊。阿里木捐赠的这笔5000元助学金，是毕节学院受捐赠以来，金额最小的一笔，但是学校领导却对阿里木的善举十分重视，并将他这笔助学金命名为"阿里木助学金"。

经济上并不富裕的阿里木，始终不忘资助贫困生，这究竟是为什么呢？"我曾经流浪过许多地方，四处找工作，就是因为没有文化，

# 第十三章
## 从中国传统文化中学习为人之道

吃了很多苦,所以我将钱捐给那些学生,让他们将书念好,避免以后走弯路。"8年时间里,阿里木卖出去大概30万串烤羊肉串,先后资助了上百名贫困学生,资助金额10万元以上。

阿里木一心渴望读书,却被迫辍学,虽然吃了很多苦,但他并没有放弃生活的希望,"受人滴水之恩,当涌泉相报",我们很多人都熟知这句话,却很少有人能做到。

2010年4月14日,青海省玉树藏族自治州玉树县发生7.1级大地震,阿里木听说消息后,迅速从贵阳赶到西宁,然后立即奔赴玉树参与救援活动。由于产生高原反应,阿里木头痛欲裂,恶心呕吐,但他还是坚强忍耐。之后又用8000元在西宁购买牛肉和蔬菜送到灾区,协助部队官兵施救。

为什么阿里木如此义无反顾?他说,当初在部队的时候,老班长曾经跟他说过一段话:"小的是家,大的是国,当国家和人民需要你的时候,你就应该义无反顾地站出来,站出来就是英雄。"

阿里木是当之无愧的英雄。

毕节地委书记秦如培这样评价阿里木:"接受过别人帮助的阿里木,把传递爱心当成自己的生活和精神追求,他身上洋溢的是互帮互助的中华民族传统美德。"

### 2. 感恩大自然的馈赠,从身边的环保小事做起

2021年3月15日,习近平总书记主持召开中央财经委员会第九次会议,提出了我国力争2030年前实现碳达峰、2060年前实现

碳中和的基本思路和主要举措，即我国承诺2030年前，二氧化碳的排放量不再增加，达到峰值之后逐步降低，2060年前针对排放的二氧化碳，要采取植树、节能减排等各种方式全部抵消掉，实现二氧化碳"零排放"。

这就意味着将来我们的生产方式、生活方式都要发生深刻的变化，实际上这也是我国进入新发展阶段、实现高质量发展的现实需要。正如石敏俊教授所言：党中央提出实现碳达峰和碳中和的目标，是事关中华民族永续发展和构建人类命运共同体的重大战略决策，不仅在应对气候变化上体现了大国的责任担当，也有利于推动我国经济社会发展实现绿色低碳转型。

应对挑战，不仅仅是国家和企业的事，也需要人人参与，需要我们每个人在衣食住行用等日常生活中，挖掘减排潜力。比如，在日常生活中尽量少开车，多选择公共交通工具出行，节约用电、用水……这些一点一滴的小事情都跟我们的低碳生活息息相关。千万人的举手之劳、日积月累，可以形成磅礴的绿色能量。

团员青年要做实现碳达峰、碳中和的传播者、践行者、推动者，就要自觉养成保护环境的良好风尚，同时努力学习、增长本领，发明新技术、开拓新能源，为节能减排做出更大的贡献。

第十四章

# 从行业先进人物的事迹中学习创新的精神

- 青年拥有与生俱来的创新潜能，
  敢于打破条条框框，
  事实证明，
  很多创新成果来源于质疑权威，
  而敢质疑权威的大都是青年。

# 一　要把个人兴趣与国家和社会的需求联系在一起

"要使中国真正走在世界的前列，必须有强大的科学技术力量，有一支富于创新的人才队伍，这是中国发展的后劲之所在、力量之所在。"

高新技术是买不来的，要想实现科技创新，还得靠我们自己，而且想取得耀眼成绩，还要投入大量的时间、人力和物力。作为当代团员青年，我们要把个人发展和国家、民族的未来紧密结合，为建设创新型国家出一份力。

### 1. 个人兴趣与国家需求，可以并存

如果想在科学技术方面做出一番成就，首先就要对它有兴趣，有兴趣才会主动去研究它，才能研究得好。因此，国家要想发展科学技术，首先就要充分调动青年的科研热情。

孔子曰："知之者不如好之者，好之者不如乐之者。"这就是在说兴趣的重要性，不过兴趣与好奇心不同，好奇心是天生的，而兴趣是后天的，是可以培养出来的。

中国科学院院士、流体力学专家周恒老先生说："要想在科学技术上创新，培养自己的兴趣，首要要了解国家和社会的需求。先学习，然后再参与进去，慢慢地你的兴趣会越来越浓，而且你的兴

# 第十四章
## 从行业先进人物的事迹中学习创新的精神

趣也会得到支持，发展起来就更有潜力。"

周恒老先生还举了一个例子，就是"中国光学之父"王大珩院士。王大珩院士原来的专业是物理，考虑到国家工业技术发展的需要，老师建议他去学习光学，于是王大珩改了专业，并且在接下来的学习中对光学研究产生了浓厚兴趣，之后更是成为"新中国光学事业的奠基人"，为我国"两弹一星"的研制做出了重大贡献。

王大珩院士是一个创新先锋，在一次采访中他说："作为一个科技工作者，创新是我们的天职，是我们进行科学研究和技术工作中最原始的责任。"

不管是周恒院士还是王大珩院士，我们都可以看到，他们的兴趣是建立在国家和社会需要的基础上，在这样的背景下，他们做出的贡献就更具有时代意义。

### 2. 科学研究无止境，不惧权威勇于攀登

袁隆平曾说："科学研究最基本的特色，就是要创新，要不断地创新。"但创新就意味着突破，意味着你要打破一些现有的、权威的理论和规则，如果没有信仰的支持，没有科学求实的精神，一个人很快就会在那些"权威"的打击下偃旗息鼓。

3年经济困难时期，地里的庄稼几乎颗粒无收，袁隆平作为农业方面的专家，对这段历史感触颇深，他立志要让农民多打粮食，不让那场历史悲剧重演。

一次袁隆平在稻田里发现一株优良的天然杂交稻，他从中得到

灵感，萌发研究杂交稻的想法。但是，当时关于水稻研究已有了权威结论：水稻是自花授粉作物，没有杂种优势。所以，袁隆平的研究想法受到不少人的质疑和讽刺。但袁隆平尊重权威却不迷信权威，他认为"杂交优势是生物界的普遍现象"，人类都不能例外，何况是水稻？他下定决心研究杂交水稻。

之后不仅试验的结果不太理想，稻谷产量没上去，稻草反倒增产了将近七成，于是就有人对袁隆平说"可惜人不吃草，人要是吃草的话，你这个杂交稻就大有发展前途了"。

那要不要将杂交稻进行到底？后来开会研究，大数人都持反对意见，说杂交稻是一堆草，没前途。袁隆平顶着非常大的压力，还是没有放弃，他说："从表面上看，我们这个试验是失败了，我们稻谷减产，稻草增产。但是从本质上讲我的试验是成功的，为什么？因为现在真正的焦点是水稻这个自花授粉作物究竟有没有杂交优势，现在试验证明了水稻具有强大的杂交优势，这是大前提。至于这个优势表现在稻谷上，还是稻草上，那是技术问题。因为我们经验不足，配组不当，使优势表现在稻草上了。我们可以改进技术，选择优良品种，使其发挥在稻谷上，这是完全做得到的。"在袁隆平的据理力争下，杂交水稻的研究得以进行下去。袁隆平常说一句话："中国多一点粮食不怕，若少一点粮食，你试试看？"没有挨过饿的人不知道粮食的珍贵，袁隆平矢志研究杂交水稻，正是出于对祖国的一片赤诚之心。

2011年9月19日，一条消息轰动全国：袁隆平院士指导的超

# 第十四章
## 从行业先进人物的事迹中学习创新的精神

级稻第三期目标亩产900公斤高产攻关获得成功，湖南隆回县百亩试验田亩产达到926.6公斤。在我国现有耕地增量有限的情况下，提高水稻单产量，是一条保证我国粮食安全的重要途径。袁隆平院士研究的杂交稻对我国发展意义重大。

超级稻的成功让袁隆平信心倍增，他把下一步的奋斗目标设定为亩产1000公斤，"也许10年左右时间，等我变成'90后'时，中国超级稻就可以实现亩产1000公斤的目标了"。

不仅在中国，全世界有很多国家都适合种植杂交水稻，袁隆平的想法是，倘若在世界范围内将杂交水稻的种植面积扩大到7500万公顷，那么照每公顷增产2吨粮食来计算的话，全世界就可以增产1.5亿吨粮食。这样一来，可以多养活4亿到5亿人口，对世界粮食安全有极大的保障作用。

世界著名经济学家唐·帕尔伯格在《走向丰衣足食的世界》一书中写道："袁隆平教授给中国争取了宝贵的时间，他为中国实现粮食上的增产，实际上就是变相地降低中国的人口增长率。他在农业科学上所取得的突出成就，使成千上万的人摆脱了饥饿的威胁。这位朴实的农民，正在引导我们走向一个丰衣足食的世界。"

"当他还是一个乡村教师的时候，已经具有颠覆世界权威的胆识"，这是袁隆平当选"感动中国2004年度人物"时人们对他的评价。袁隆平鼓励青年要独立思考，敢于超越，"不迷信权威，不迷信书本"，作为新时代的青年，要"勇"字当头。"搞科学实验决不会一帆风顺，不要怕失败，要善于从失败中总结经验教训，所谓'吃一堑，长一智'。

一失败就灰心丧气,到此止步,这样的人是很难成功的。"他对科学的追求,他坚持不懈的创新精神,非常值得当代青年学习和发扬。

青年一代的成长,正是科技事业兴旺发达的希望所在。团员青年要敢为天下先,不惧权威,不迷信权威,为科技发展贡献汗水和智慧。

## 二 勇于创新要在积极探索中实现

团员青年要有一种时不我待、只争朝夕的精神,因为在新的国际形式下,竞争方式已经发生变化,"不是大鱼吃小鱼,而是快鱼吃慢鱼"。

"十四五"时期我们国家要继续往前走,必须靠创新。现在就看谁有能力抓住机遇,谁有这样的担当和使命感。抓创新不问"出身",只要能为国家做贡献,国家都会全力支持,这是习近平总书记一直挂怀的事,团员青年更是要以此来严格要求自己,多搞原创,为加快国家科技创新发展而努力。

# 第十四章
## 从行业先进人物的事迹中学习创新的精神

### 1. 在正确方向的引导下积极探索

青少年对科学的兴趣是天生的，比如小时候看见闪电，孩子们总会好奇闪电是从哪里来的，如果能将这种好奇心正确引导下去，他们自然就会对科学着迷，在心中埋下从事科学研究的种子。

有一个叫卢驭龙的少年，他因声称"我可以控制风雨雷电"而备受人们关注。卢驭龙从小就对科学有着浓厚的兴趣，小学二年级时，他就对化学痴迷不已，并且尝试过多项化学试验，还从图书馆借来崇拜的科学家的传记仔细阅读。他将家里的阳台当成自己的实验室，有一次还不小心将晾晒的衣服腐蚀了，父母对此很生气，曾连续23次毁掉他的实验室，但是卢驭龙对科学的兴趣始终没有消失，也从未放弃成为科学家的理想。

父母为了不让他做实验，就控制他的零花钱，卢驭龙索性步行上学，将每天的公交车车票钱省下来。此外，他还利用周末时间去兼职打工，有一段时间，他竟然去捡废品卖钱。这样零零散散挣来的钱，足够他购买自己需要的实验器材。初三那年，实验室中的化学原料发生爆炸，正在做实验的卢驭龙受了重伤，全身缝了400多针。

从此以后，在父母的规劝下，卢驭龙暂时搁置了危险性较强的化学实验，将兴趣转向危险系数小一些的物理实验。2008年初，卢驭龙决定做特斯拉线圈实验，所谓"特斯拉线圈"，就是一个人工闪电制造器，危险性较高，哪怕是小型实验，电压都可达上万伏，所以该实验被人们称为"死亡之手"。普通人接触220伏电路足以致命，而卢驭龙却能在实验中伸手触摸峰值超过500千伏的高压电弧。这不是因为他有特异功能，而是因为他在探索中找到了合适的方法。

后来，卢驭龙发明了"晶体管式等离子弧双声道扬声器"，此项发明获得广东省青少年科技创新大赛一等奖及全国青少年科技创新大赛二等奖的好成绩。专家认为，他的作品设计非常新颖，而且制作精良，适合批量生产，就像等离子电视一样，可以进入寻常百姓家庭。为此，卢驭龙还申请了国家专利。

青少年都有无限的创造性，如果能提供科学引导，就有可能取得惊人成绩。未来世界是由青年的创造力来塑造的，现在我国推行自主创新，正是青年发挥创造力的时候，团员青年要在时代发展的需求和机遇中寻找适合自己探索的方向。

### 2. 在学习实践中脚踏实地

俗话说："台上一分钟，台下十年功。"科学技术是老老实实的学问，需要脚踏实地、潜心钻研，团员青年要沉下心来，多积累知识，将来才能发展得更快更好。

汪圣尧，一名湖南农业大学理学院的学生，曾经担任过学生会主席、团总支组织部部长，同时也是他们班级的团支书。在踏入大学校园的那天起，汪圣尧就明确了自己将来的发展目标。为了实现目标，他将学业规划得有条不紊。

在长期的学习实践中，汪圣尧总结出一套独特的学习经验，即"四个舍得"和"三个刻意"，"四个舍得"主要是舍得花时间、

## 第十四章
### 从行业先进人物的事迹中学习创新的精神

舍得开口问问题、舍得动脑筋、舍得在学习上"丢脸";而"三个刻意"指的是刻意去观察、刻意去积累、刻意去运用。

在他看来,四年的大学校园生活是青年人生的一个新舞台,很多人都可以登上这个舞台,但并不是每个人都知道如何在舞台上表现自己。"只有永不止息地向前奔腾,我们才能肩负起祖国和时代所赋予我们的使命。"正是凭借这股持之以恒的信念和敢于面对困难的勇气,汪圣尧在大学生活中取得了不俗的成绩。

是啊,青春光芒四射,但也是瞬息间灿烂,要想这能量燃烧得更有价值,就要珍惜学习机会,多学习基础知识,多看书,多思考,为自己的青春多增加点儿含金量。

第十五章

# 在创新中进步，
# 于细节处培养良好习惯

- 团员青年要树立远大理想，
  并不意味着拒绝做小事，
  任何一项伟大的成就，
  都是一步一个脚印积累而成的。
  团员青年既要有做大事的雄心，
  也要有做小事的耐心和细心。

# 第十五章
## 在创新中进步，于细节处培养良好习惯

# 一 创新不是凭空想象，一定要与实践相结合

团员青年的想象力都非常丰富，也具备创新的潜能，但一个创意有没有价值，要通过实践检验才知道。所以，青年的创新活动，一方面要大胆突破，充分发挥自己的想象力；另一方面也要与实践相结合。

### 1. 让现实需要成为创新的动力源泉

团员青年不要把创新看得很大很远，其实创新随处可见，比如从扫把到拖把就是一种创新，如果你能发明一种能把地面打扫得更干净的清理工具，这也是创新。

很多创新都是从现实需求出发。"第九届中国·海峡项目成果交易会"期间，泉州馆展出一款"远程红外自动寻的灭火导弹"，这是一种高端消防装备，填补了我国消防领域技术空白，引来众人围观。

这个灭火导弹的神奇之处就在于，它能够自动寻找火源。灭火导弹发射出去以后，在飞行的过程中，可以自动寻找火源，然后进行快速灭火。如果发生重大森林火灾，灭火人员只需要在 20 千米之外发射一枚灭火导弹，一个篮球场大的火灾现场就能被立时扑灭。

卢钦一，一位长期从事航天事业的工程师，就是研发这种灭火

导弹的人。卢钦一介绍说："这种灭火导弹显然比普通的灭火器有效得多，它能应用于森林、储油库、高层建筑等各个领域，不但具备智能、迅速等优点，而且灭火导弹完全可以替代人力，这样就可以保障消防人员的人身安全。"

灭火导弹的成分主要是聚磷酸铵类干粉，其灭火效果要比普通干粉高出10倍，而且这种物质完全没有副作用，绿色无污染。更加令人不可思议的是，导弹将火熄灭以后，还可以对森林起到施磷肥的作用。毫无疑问，这是一种非常有创意的导弹，无论设计理念，还是它的强大的功能，都令人感到新奇。

现在，我国一再强调实现自主创新才能拥有主动权，才有核心技术，我们强调自主，重视发挥自己的力量和优势，并不意味着我们排斥合作，也并不是说一切技术都要百分之百地拥有自主知识产权，我们所提倡和追求的，是一种在开放状态下的自主创新。

不论是个人、企业、研究机构，还是政府，都必须要以全局、发展的眼光，对自主创新有新的认识和了解，只有这样才能占领技术竞争的制高点。团员青年要学习和培养这种眼光，把创新立足于各种现实需求上，从而实现技术创新的最大价值。

### 2. 科技创新要结合实际应用

创新是要花费时间和精力的，如果创新成果不能应用到实际生产中，就会造成极大的浪费。只有把创新的科技成果转化为现实的生产成果，把创新和应用结合起来，才是真正实现创新的目的。我

## 第十五章
### 在创新中进步，于细节处培养良好习惯

们来看一个转弹机器人的诞生过程。

黄舜，第二炮兵某旅士兵，也是出了名的"科学家"，他曾经连续两届获得全国大学生机器人大赛冠军，此外他还获得大学生电子设计大赛二等奖。

入伍以后，黄舜所在的连队是技术营阵管连，常年驻守在深山里，主要任务就是负责转载导弹，工作环境和工作要求的巨大差距让他萌生了一个很大胆的想法——由机器人完成导弹的转载。黄舜并没有因为艰苦的条件而动摇决心，反而因为能有一个这么好的机会，来实现自己的梦想感到十分庆幸。

黄舜将自己的想法向上级领导作了详细报告，部队领导非常支持，并特意为他留出一个房间进行实验，还让一些对机器人比较感兴趣的战友来协助他完成实验。经过3个月的苦心研究，黄舜和战友们终于设计完成第一个机器人——转弹机器人。

部队领导和全体官兵看到他们的实验成果后，十分赞赏，如果将这个研究成功运用到实战当中，必然会大大提高导弹转载的速度和精度，而且可以代替人工操作，是一项跨时代的科技发明啊！当然，要想将实验应用到实战当中，还有一段很长的路要走。但是黄舜相信，即便自己做不到，将来也一定会有人将自己的想法实现。

从黄舜设计转弹机器人这件事，团员青年可以学习两点经验：一是要敢想，没有想法哪来的行动；二是科技创新要结合实际应用，应用价值越大，发展潜力也就越大。

## 二　大事从细节做起，养成良好的生活习惯

新时代的团员青年，不仅要志存高远，还要注意脚踏实地。老子云："天下大事，必作于细。"

### 1. "战神"被细节打败了

只有注重细节的人，才有望成功。很多时候，一个小细节上的疏忽，就有可能毁坏整个宏伟计划。

1974年3月，印度政府正式批准"阿琼"主战坦克的研制计划，并且拨款1.5亿卢比（约350万美元）作为研究经费。在30多年前，这个金额对于印度而言可谓是天文数字。因而当时印度的政客们将这项计划推崇为"印度民族军事成就的典范"，由此可见印度官方对"战神"这一计划的期望程度有多高了。

从正式批准研制到服役，"阿琼"坦克的生产时间长达37年，被公认为"世界上最难产的坦克"。印度军方在研制"阿琼"坦克时雄心万丈，要求坦克的各项性能指标都要达到国际领先水平。这本在情理之中，然而就是因为一些细节上的疏漏，导致"阿琼"坦克的研制过程出了很大的麻烦。是哪些具体的细节导致了"阿琼"的问题呢？

一是发动机不适应使用场地。印度国产的发动机多项指标检测

# 第十五章

在创新中进步，于细节处培养良好习惯

不合格，于是就用了德国的柴油机。但由于当初在订货的时候，印度政府没有提出其使用的特定条件——沙漠，结果导致"阿琼"在沙漠试验的时候，工作失常。

二是坦克整体太过笨重。"阿琼"坦克的重量高达58.5吨，限制了其作战时的灵活性。

三是坦克设计忽略国家运输标准。设计师在设计时没有考虑到国家运输标准，以致坦克的宽度超出了铁路运输的极限，使印度陆军只能从铁路部门获得特别许可证，才能运送该坦克，而运送坦克还要制造专门的运送车。

四是如果驾驶员要打开窗驾驶，炮塔转动时可能会碰到他的头部；火炮在正前方的时候，驾驶员无法自由出入驾驶舱。

五是炮弹装填的速度太慢。比如装一枚待发射弹，需要15秒的时长。

六是装填炮弹的时候，火炮必须是调到一定的仰角才行。

七是高射机枪只能由装填手在坦克外面进行操作，操作高射机枪不能跟装炮弹同步进行。

八是炮塔中只能装下3发待发射弹，而陆军作战要求至少可装载12发。

九是结构设计不合理，很容易卡弹。

十是舱内工作环境非常不利于操作员的操作。诸如座椅的调节量非常小，坐着很不舒服，操作员无法轻松简便地操纵设备。

任何一个细节做不好，都会带来极大的麻烦，何况数个细节？

## 向着太阳前进
### 做最好的团员

因为这些细节没有做好,最终印度陆军给出的样车鉴定报告下了这样的结论:该坦克不能有效地执行战斗任务。

印度媒体则把"阿琼"由"主战坦克"戏称为"主败坦克"。可以说,"阿琼"坦克的研发是败于细节。

古语说:"失之毫厘,谬以千里。"虽然我们在日常生活中做事不会像飞机、坦克那样要求高细节,但是作为团员,我们在学习、工作中不能总是"差不多就得了""随便吧"要求自己,要精益求精,没有最好只有更好,画完了龙,点睛,这龙才能腾飞。

### 2. 业精于勤是好习惯的养成

成功与失败的最大区别在于是否有良好的习惯。柏拉图曾告诫一个放荡的青年说:"人是习惯的奴隶。"青年可以从生活、工作、学习三方面长期地坚持下去,锻炼自己注重细节的习惯。

(1)从生活中的小事做起。

现在流行一句话,叫"活在当下",意思是要人们好好珍惜现在所拥有的,比如不要因为忧虑未来而忽视了身边最重要的人——父母。可能有人会说,我知道感恩父母,等我以后赚了大钱,一定会好好孝敬他们。但父母是等不起的,"子欲养而亲不待",我们要把感恩父母的行动,落实到日常生活中的小事上,多给父母打电话报平安。回家的时候,陪父母去买菜、遛弯,给父母剪一次指甲。我们能给父母做的事情很多,事情虽小,感动却深,不要等到没机会了,才抱憾终生。

## 第十五章
### 在创新中进步，于细节处培养良好习惯

现在中国有很多空巢老人，他们的身影孤单又无助。做儿女的忙于工作，不能经常回去看望父母，就多打电话问候，不要老是说"有时间再打"，花两分钟给父母打个电话很难吗？主席还能挤出时间亲自慰问老百姓呢。不要因为常接触网络，信息量比较丰富，就觉得跟父母说不到一块儿去，宁肯在网络论坛无聊地潜水，也不愿意多与父母唠唠家常。

（2）养成良好的工作习惯。

第一，学会制订工作计划，重视轻重缓急。将每天或近期需要完成的任务做成较为详细的计划，哪些是必须要完成的，哪些是可推后完成的，是否需要其他部门协助，可能存在的问题，等等，将所有资料进行梳理，这样做出来的计划切实可行，有事半功倍的效果。

第二，注意对重要的文件进行备份。我们在工作或者生活中，有时会因为电脑故障而造成资料丢失，尤其是IT从业者感受会更深；另外备份最主要的目的，就是能够帮助我们在最短的时间内，找到我们所需要的资料。

第三，做事情要养成闭环思维，凡事都要有交代和着落。比如领导安排了一件事，仅仅停留在落实完成还不够，还需要向领导汇报完成的结果，有哪些还需要继续完善，有哪些亮点，等等，如果一时完成不了，应及时向领导反馈，让领导掌握工作进行的实际情况，从而利于领导调整决策部署，加快工作进度。

（3）不要浅尝辄止，要循序渐进。

没有基础知识的积累，将来怎么做大事？团员青年怎样积累基

础知识呢？我们不妨从古典名著中找寻学习方法。

《红楼梦》第四十八回"滥情人情误思游艺，慕雅女雅集苦吟诗"中，描写了香菱向林黛玉学作诗的经历。香菱苦心作诗，先失败了两次，第三次才写出一首好诗。从香菱学作诗的过程我们可以获得至少三点启发：

第一，要有扎实的基础知识。林黛玉作诗的水平高，但香菱请教她如何作诗时，她没有喋喋不休地讲解如何构思、推敲，而是说"你若真心要学，我这里有《王摩诘全集》，你且把他的五言律读一百首，细心揣摩透熟了，然后再读一二百首老杜的七言律，次再李青莲的七言绝句读一二百首。肚子里先有了这三个人作了底子，然后再把陶渊明、应玚、谢、阮、庾、鲍等人的一看……"厚积才能薄发，林黛玉先让香菱熟读几百首古诗，这样对诗歌的语言感知能力就会增强，同时阅读水平和欣赏水平也会大大提高。

在平时学习中，我们要多看书，除了学校里发的课本，还要多读课外书。俞敏洪曾劝导大学生，在大学时最少读200本书。虽然平时学习紧张，但"时间就像海绵里的水，挤挤总是有的"，少发会儿呆，少打会儿游戏，一个月至少也能看2本书。

第二，多读好书。林黛玉认为，要学诗就要学最好的。她给香菱挑的诗都出自最好的诗人：王维有"诗佛"之称，苏东坡评论他的诗"诗中有画，画中有诗"；杜甫有"诗圣"之称，他的诗多是现实主义题材，诗风"沉郁顿挫"，立意深远；李白有"诗仙"之称，他的诗自由奔放，想象力丰富，个性张扬，充满了浪漫主义色彩。

# 第十五章
## 在创新中进步，于细节处培养良好习惯

西汉文学家刘向言："书犹药也，善读之可以医愚。"把书琢磨透了，就可以开启心智，好书不仅可以提高自身素质和修养，对身心健康也有好处，精神世界充实了，就不会觉得空虚无聊，饱食终日无所事事。

第三，每天坚持读书。香菱学习非常刻苦，"回至蘅芜苑中，诸事不顾，只向灯下一首一首的读起来。宝钗连催她数次睡觉，她也不睡……"要求我们都做到香菱这样，也许不太现实，但是我们每天都可以抽出一点儿时间，不管读书还是练字、画画，只要每天坚持下去，日积月累，肯定能有所收获。

俄国著名教育家乌申斯基说："良好的习惯，是人在其神经系统中存储的资本，且这个资本在不停地增值，人在其整个一生中享受着它的利息。"团员青年必须改变心浮气躁、浅尝辄止的习惯，一点一点存储"资本"，将来才能为国家做出更大的贡献。

第十六章

# 从行业楷模身上学习劳逸结合

- 榜样的力量是无穷的,
  行业楷模身上总有一些值得
  我们深度学习的地方。
  劳逸结合说起来容易,
  但如何做到有质量的劳逸结合,
  团员青年还是要先看看行业楷模们是如何做的。

# 第十六章
## 从行业楷模身上学习劳逸结合

## 一 可以玩游戏，但不要被游戏玩

李大钊言："青春者，人生之王，人生之春，人生之华也。"但是，我们怎样才能做到青春的"王"呢？

有报道称，北京某重点高校有很大一部分学生存在个别科目考试成绩不及格，更严重的情况是，一个班里30名学生，竟然20多名学生拿不到学位。而考试成绩不及格的原因，主要就是迷恋网络游戏、缺乏学习动力和目标等。出于无奈，学校领导只好用管教小学生的方法来对大学生进行管理，督促这些学生写保证书，让他们制订学习计划，还采取了人盯人的措施，让学习成绩好的学生来帮助成绩差的学生。

青春期的迷茫和反叛，大多数人都会经历，如果不能正确对待，极有可能辜负了人生中最好的一段光阴。时下青少年大都爱玩电子游戏，如果为了调节身心，玩一玩也没什么问题，但如果玩得失去理智，就得不偿失了。我们来看爱玩游戏的彭海涛是怎么看待游戏的？

彭海涛，国内第一款玄幻3D网游——《传说Online》的制作者，媒体赞誉他是"中国的比尔·盖茨"。他原本是盛大游戏的玩家，后来走上游戏研发的道路，再到后来，他研发出的游戏被盛大以上亿元资金收购。不到3年的时间，年仅23岁的彭海涛就创下了自

## 向着太阳前进
### 做最好的团员

己的财富传奇。

彭海涛很早就开始玩游戏，初中、高中时，除了上学时间，他都在玩游戏。由于痴迷游戏，彭海涛也被视为"问题少年"，父亲也没少责骂他。为了阻止儿子沉迷游戏，父亲把家里的电脑拆得七零八碎，再也组装不起来。因为无心学习，彭海涛提出退学，父亲勃然大怒，"你要是敢退学，老子就不管你了！"彭海涛只好继续念下去。后来报考大学时，彭海涛依照自己的意愿，选择了四川大学网络学院。这时的彭海涛绝不仅仅是一位玩游戏的高手，更是一位修改游戏的高手。

对于游戏，彭海涛有自己的理解：我是在玩游戏，而不是被游戏玩。此外，彭海涛还能修改游戏程序，甚至广泛涉猎很多玩家达不到的领域，这些都是彭海涛出于兴趣一点一点钻研出来的。

后来彭海涛组建公司，起步阶段公司包括彭海涛在内只有4个人，另外3个都是大学刚毕业的新人。但是彭海涛凭着对网游的执着和兴趣，迅速在中国网游领域站稳了脚跟。

彭海涛的合作者说，那个时候公司就像是一家网吧，员工们都蓬头垢面地趴在电脑前，整天整夜地熬着。为了给机器散热，电脑的机箱大多都是敞开的，电脑零件满地都是，沙发和被子也弄得一团乱麻。

虽然条件很艰苦，彭海涛却激情四射。在研发公司的第一款网游作品——《传说》期间，他连续两个月都睡在办公室的沙发上，还创造了四天三夜不睡觉的纪录。

# 第十六章
## 从行业楷模身上学习劳逸结合

彭海涛对游戏一直有个清醒的认识，他说："在网游的世界里，我喜欢做独行侠，我做游戏只是想证明我自己，并不是想通过网游来展示自己有什么样的社会地位，有多少财富。现实生活中的我同样如此。"

游戏无罪，问题是青少年要怎样对待它。对彭海涛来说，他玩游戏是为了证明自己，与此同时也提升了自己的游戏研发能力。不管是什么样的理由，我们都不应该把大把时间挥霍在游戏上。团员青年除了自身要正确认识和对待电子游戏外，还要发挥团结互助的精神，帮助那些沉迷游戏的青年回归到正常的生活和学习中来。

## 二　心中有理想，生活就有劲儿

有些青年总是处于发呆和无所事事的状态中，因为他们觉得没意思，学习没意思，玩游戏也没意思，干什么都没意思，看着别人忙忙碌碌，自己却对什么都提不起精神来，这都是因为缺乏理想的缘故。

"中国在全速发展，国内的同龄人正脚踏实地地推动着祖国前进；我不想只做一个大洋彼岸的旁观者。"这句话出自美国普林斯

## 向着太阳前进
### 做最好的团员

顿大学分子生物学系终身教授施一公。他在普林斯顿享受着相当优厚的待遇，有一个超净台面随时供他试验之用……校方还为他配置了一栋500平方米的独栋别墅。

尽管有着广阔的事业发展前景，尽管在美国的生活条件非常优越，施一公还是做出了一个出乎所有人意料的决定：回到自己的祖国，回到自己的母校，回到清华。在一些人削尖脑袋想出国的时候，施一公却选择了回归，在他看来"爱国是最朴素的感情，有谁不爱自己的母亲呢"？

2008年2月，施一公辞去了在普林斯顿大学的职务，毅然回国，受聘为清华大学终身教授，并担任清华大学生命科学与医学研究院副院长。他说："中国的科技和教育体制、中国大学的科研和教学，都与美国一流大学有相当的差距，中国正在为此而努力。我会发自内心地为清华、为中国科技和教育体制的进一步发展付出更多。"

其实，施一公走上科研之路也并非一帆风顺。读研究生的第一年，他的情绪波动很大，"内心浮躁而迷茫，根本无心做研究"，但随着对科研工作的深入接触，他逐渐喜欢上了这种"枯燥"的工作，开始花越来越多的时间泡在实验室里，他很享受这样的生活，觉得一个精彩的实验比看一部美国大片带给他的享受还要多。施一公自言做博士后的那两年是他最苦的时期，几乎每天都是早上8点起床，凌晨4点以后才上床睡觉。"虽然很累，但我心里很满足、很骄傲，我知道自己在用行动打造未来。"

中国现在确实存在诸多问题，尤其是教育公平方面，引起人们

## 第十六章
### 从行业楷模身上学习劳逸结合

极大的关注和争议。面对这个问题,每一个中国人要做的,更应该是想办法去改善它。施一公在普林斯顿任教期间就一直关注中国的发展状况,中国当今社会出现的问题也让他优虑。如果能为国家解决一点儿实际问题,对一个赤子来说就是最大的荣耀。所以,施一公说:"我回来的根本目的是为了育人,教育一批人,育人的重点在育心,做科研是育人的一个重要环节。我觉得现在的大学生缺乏理想,缺乏一种无论出现什么情况都不会放弃的精神。我想,如果引导正确的话,清华大学一定会有这样一批学生,他们在为自己奋斗的同时,心里还装着一些自己之外的东西,以天下事为己任,驱使他们往前走,一定会有一批人这样做。"

施一公在清华大学的工作非常繁忙,几乎每天都工作16个小时以上,但他却总是精神奕奕:"回到清华后,我每天早上都很激动,又是新的充实的一天,又可以做很多事情。当你很有理想、心情愉快的时候,就觉得特别有劲。"

| 第六部分 |

# 最好的团员"有说法"
## ——言之有据,切莫道听途说

第十七章

# 最给力的话对人民有益、对国家有益

- 团员青年要敢于说真话,
  敢于说对人民、对国家有益的话,
  更要让真话发挥它应有的价值。

# 第十七章
## 最给力的话对人民有益、对国家有益

# 一　实事求是，敢为人民说真话

真话向来都是稀缺资源，敢说真话的人更是可遇不可求。纵观古今中外，敢痛快说真话的人大概只有唐朝的魏徵了，他屡次"触龙须""摸老虎屁股"，还能安然无恙、加官晋爵，堪称官场奇迹。魏徵敢于说真话是因为：一是他说的真话都是为国为民着想，不存私心，行得正；二是他的真话说得到位，能解决实际问题；三是他有个好领导，给他创造了说真话的环境。

"知者尽言，国家之利"，唐朝能有贞观之治那样的盛世，其中一个原因就是朝堂上有很多"诤臣"，他们心怀天下，敢于为人民说真话。这种为民请命的民族脊梁，正是我们团员学习的榜样。

### 1. 说真话和用真药一样重要

新冠肺炎疫情暴发后，钟南山院士的一举一动都备受关注。他的每一次发声，总能喝退流言，"看到钟南山，我心里就踏实了"。这是疫情之下许多中国人的心声。

我们为什么相信钟老呢？因为他敢于讲真话，就像 2020 年《人民日报》对他的评价：84 岁的钟南山，有院士的专业，有战士的勇猛，更有国士的担当。

2003 年 4 月，卫生部在北京召开新闻发布会，有人在会上宣称

"非典疫情已得到有效控制"，对此钟南山仍然忍不住实话实说："什么叫现在已经控制？根本就没有控制！目前病原都还没搞清楚，你怎么控制它？"在那样的情况下，有谁敢轻易说实话呢？钟南山事后透露，发布会前，他在父亲的坟前站了很久，最后下定决心说真话。钟南山认为："以人为本，起码要从讲真话开始。就像我们医生，对病人讲真话，才能让人信任你。真话和真药一样重要。"

2010年4月29日，在美国《读者文摘》杂志对中国名人受信任度调查结果中，钟南山和"杂交水稻之父"袁隆平得票最高。

2020年9月8日，因在抗击新冠肺炎疫情中的杰出表现，钟南山荣获"共和国勋章"。这是中华人民共和国的最高荣誉勋章，钟南山当之无愧。

讲真话会不会有压力？当然有。但就如钟南山院士所说："我想要是越考虑得通盘就越平（圆）滑了，还是需要把主要的问题讲出来。"作为团员青年，要保持青年人的真诚、坦率，对领导、同事讲真话、说实话、谈心里话，坚决抵制上下级和干部间逢迎讨好、相互吹捧的庸俗风气，为塑造一个良好的社会言论空间做出自己的努力。

### 2. 说真话不代表可以不负责任地乱讲话

"当然，讲真话要以事实为依据。"这是钟南山院士一再强调的原则。作为团员一定要牢记，讲真话、摆事实，才能赢得群众信任，担起社会重任，为人民办实事、办好事，为党增光彩，为中国梦的

## 第十七章
### 最给力的话对人民有益、对国家有益

早日实现贡献积极力量。

疫苗关系老百姓的身体健康，疫苗问题一直是人们关注的焦点。此次新冠肺炎疫情，疫苗问题更是备受关注，针对这个问题，钟南山说："我作为中华医学会会长，已经派出包括预防、副作用、血液等方面 8 位专家现场调查，在没有调查清楚之前不能下结论，这才是负责任的态度。""疫苗的保管本来就有非常严格的监控，每一个保管环节都必须非常严格，不能儿戏。"钟南山说，"总体而言，我们国家疫苗是安全的，比如甲流疫苗，我自己也打了，是浙江生产的。经过我的观察，疫苗的副作用是在允许值范围内的，是安全的。"

现在大部分人都注射了新冠疫苗，所以很多人会觉得有了疫苗就安全了，就不会再感染新冠病毒了，虽然这种说法能鼓励大家去打疫苗，但钟南山院士表示，如果新冠肺炎对于健康的影响慢慢降低，那么新冠病毒可能会和人类长期共存，我们需要像对待流行感冒那样，定期打疫苗。虽然听到这个说法有点儿揪心，但我们愿意听这样的实话。

讲真话才有力量，有力量才敢讲真话，信任是靠真话、实话建立的。疫情之下，在民众眼里，钟南山就代表正直，代表科学，代表权威。

在我们国家，还有很多像钟南山院士这样的人，他们于危难中挺身而出，奋勇向前，左手对抗灾难，右手托出真相，一腔赤子热诚，"像大山一样历经风雨屹立不倒"。

"赤路如龙蛇，不知几千丈。出没山水间，一下复一上。伊予独何为，与之同俯仰。"这是北宋名臣邹浩的诗《咏路》。邹浩曾官至龙图阁大学士，一品大员，但因为民请命，数次直谏，曾两次被贬。从京城到岭南，诗人将人世路、人生路比作不知几千丈长的龙蛇，忽上忽下，起伏颠簸，但在这上下天地之间，诗人俯仰无愧，矢志不悔。

身为党的后备干部，团员青年要敢于讲有依据的真话，真正做到为民谋福祉。习近平总书记多次强调，要进一步营造和保持讲真话、讲实话、讲心里话的良好氛围，有了讲真话的人和条件，公平正义才能取得最大的改善。

## 二　讲究方式方法，让真话发挥真效力

良言一句三冬暖，恶语伤人六月寒。有些人说话的出发点有可能是好的，但效果极其恶劣。说话是一门艺术，团员青年需要多多练习。

从理性的角度讲，人们懂得"忠言逆耳"的道理，但有时候，人们希望听到真话却又受不了真话的犀利，毕竟多数人还达不到唐

# 第十七章
## 最给力的话对人民有益、对国家有益

太宗那种"从谏如流"的境界。

我们讲真话的目的是为了解决问题，只要能解决问题，我们何不换种方式，让人愉快地接受呢？

### 1. 能解决问题的真话，才是人民需要的

讲真话本身是个好事，但得到的结果不一定好。每个团员青年讲话前首先得明白讲真话的目的，对谁讲，讲什么，这些都需要通盘考虑。如果不管三七二十一，我只管讲真话，听不听随你的便，这就不是解决问题应有的态度。

最好的团员要懂得，不以解决问题为目的的真话，极易失去其应有的价值，能解决问题的真话，才是人民需要的真话。一位智者曾经说过这样一句话：任何时候都要坚持讲真话，但人们听了赤裸裸的真话往往会觉得刺耳，所以，在说真话的时候更应该选择恰当的方式。

团员青年批评或否定别人的工作时，要尽量用委婉的语气表达。因为，直言不讳有时难免不留情面，容易伤害对方的自尊，让对方产生抵触情绪；客气、平和地沟通，这样既能表明自己的观点，又显得有亲和力，对方也容易接受，更能达到事半功倍的效果。

在实际工作中，真话讲出去，就好比打出一发炮弹，炮弹只有打中目标才算实现了它的价值，如果打出去没响，或者打错了地方，就得不偿失了。因此，最好的团员不但要敢于讲真话，还要让真话发挥应有的效力。

## 向着太阳前进
做最好的团员

安志宾，内蒙古军区某边防团三连指导员，很受士兵们的欢迎，因为他说话做事讲原则。

有一年正月初一，暴风雪呼呼地刮着，牧民满都拉家的300多只羊被冲散了，如果不能及时找回羊群，将损失惨重。帮助牧民是官兵义不容辞的责任，三连官兵在暴雪天里连续寻找了十几个小时，才终于将牧民的羊全部找回。官兵们又冷又饿，筋疲力尽，有个别战士忍不住小声抱怨：这大过年的，也不让人好好休息，哪里体现以人为本了？当时部队里正在宣讲以人为本的精神，安志宾听到士兵的抱怨，觉得正是一个结合实际向士兵宣讲以人为本理念的好机会。

第二天，安志宾以"找羊与以人为本"为题，把战士们集合起来，进行了一次生动的思想课。他先让战士们回答一个问题："我们的爹妈靠啥养家？"战士们各抒己见，答案五花八门。之后，安志宾解释说："牧民靠什么生活？靠羊，羊是他们的命根子，羊丢了就相当于丢了生活保障。我们只是辛苦一点，却帮牧民找回了全家生活的保障，这难道不是以人为本？"战士们一下就想通了，不但不觉得辛苦，反而以之为荣。

对于抱怨的战士，作为指导员的安志宾完全可以严肃批评他们不懂战士的职责，不懂为人民服务的精神，等等。但是，安志宾并没有这样做，而是换了一种方式，把战士的理论学习和实践经验结合起来，不仅完成了连队的思想教育任务，更提升了士气，令人印象深刻。

安志宾所在的三连，肩负戍边任务。戍守边防离不开当地牧民

# 第十七章

### 最给力的话对人民有益、对国家有益

的支持，所以，牧民有困难，安志宾总会想办法去帮。但因为语言不同，边防工作有时会受到阻碍，因此安志宾在连队开展了多种多样的学习活动，比如学蒙古族语、唱蒙古族歌曲、了解蒙古族习俗，跟牧民打交道要注意的问题，以此促进跟牧民顺畅沟通。真心为牧民说话办事的人，牧民都会非常感激，安志宾的这些做法帮助他赢得牧民的尊敬。现在，安志宾的连队和牧民真正成了一家人，互相关心，互相帮助，互相支持。

边防无小事，守护边防的每一位战士不仅需要技术过硬，还要思想过硬，如此才能正确应对错综复杂的边防情况。

有一次，根据惯例，团里组织射击、勤务和体能考核大比武，要求每个连选派一个排参加。成绩就是连队的脸面和荣誉，因此有干部提议把全连最好的兵组成一个排去参加考核，然而安志宾坚决反对，说不能为了奖牌弄虚作假。于是又有人说，可以召开支委会让大家讨论表决，这样，事后若是被问责可以由大家共同承担。

安志宾思来想去，觉得这不是普通的工作方法问题，而是涉及能否坚持实事求是的重大原则问题。因此，他一改平日温和的讲话方式，以严肃、坚定的态度表示反对，绝不同意弄虚作假欺骗首长欺骗组织，更不能以组织的名义承担责任，这是错上加错。

在安志宾急风暴雨的话语中，大家认识到问题的严重性，最后决定派二排代表三连参加考核，最终取得第四名的成绩。三连一直是模范连，第四名的成绩让人觉得颜面无光，有人觉得安志宾做错了。

安志宾认为有必要就此事好好做一做大家的思想工作。于是，

他连续召开两次支委会进行大讨论，讨论主题为"坚持实事求是，反对弄虚作假，是保牌子还是砸牌子"。大家踊跃发言，各抒己见，对问题的认识程度也越来越深，最后达成共识：如果弄虚作假，得了名次，却丢掉了骨气，那战斗力必定受损伤，而且危害长远，不利于部队的长期建设。

我们要谨记，能解决问题的真话、讲究方式方法的真话，才是人民需要的。

### 2. 想好了再说，才是解决问题需要的真话

最好的团员说话时要慎言。莫以"官大"而失言，莫以"官小"而乱言。不能"想到就说"，而是要"想好了再说"，这样才有利于解决问题。

温州"7·23"动车事故发生后，铁道部发言人王勇平一句"目前他的解释是这样，至于你信不信，我反正信了"引起轩然大波。在很大程度上，新闻发言人的言论不单单代表发布事故处理进展的情况，也反映着相关责任部门面对公众质疑时的态度，而"至于你信不信"，很容易给民众留下不负责任、不诚恳的印象。

公职人员在老百姓眼里，就是政府的代表，一言一行自然都备受关注，所以公职人员一句话不慎就很可能引发人们的不满。互联网时代，信息传播既快又广，有时候几个字就可以引发强大的舆论压力，造成很坏的社会影响。因此，不论在学习还是工作上，我们团员青年不能不假思索地"想到就说"，而是要"想好了再说"。"一

# 第十七章
## 最给力的话对人民有益、对国家有益

语不慎，满盘皆输"，不成熟的意见和不恰当的表达，不但解决不了问题，还会激化矛盾，偏离初衷。只有看到问题，并经过深思熟虑后，有理有序地表达观点，才有利于进一步解决问题，这是每一个团员努力的方向。

无独有偶，成都双流县一交警中队长因为一句"领导重要还是你重要"而成了网友热议的对象。事件起因很简单，交警执行任务时让一辆社会车辆绕道行驶，理由是"领导的车子马上就要来"，这一下激起了车主的愤怒，在争论中，该交警口不择言，说："我只管领导的安全，领导重要还是你重要？"

这简单的一句话，却给人留下了强烈的负面印象，好像交警很大一部分工作是给领导开路，"只为领导服务"，对群众却傲慢无礼，当然激起群众的反感。在当时的情况下，交警有压力，可以理解，如果在与车主沟通时，这位交警多点耐心、换种说法，不是"想到就说"，就不会激起如此轩然大波。

其实，交警们大部分时间都在为人民群众服务，他们的辛苦我们有目共睹，无论寒冬还是酷暑，他们都要坚守岗位、疏导交通；每天的通勤高峰期，他们还要随时待命、维持秩序；为了保障公众出行安全，他们更是尽职尽责。实际上，大家对"为人民群众服务"的交警都心怀着敬意，如果交警在执法过程中能更人性、更平和，群众就不会有那么大抵触情绪，警民关系就能更融洽。

团员青年一旦穿上国家公职的制服，应该时刻注意自己的言行，清楚自己的立场，这也是一种求真务实的态度。

第十八章

# 有主见，绝不道听途说

- 年轻人都渴望极速成功，
  但团员青年要明白，
  成功往往是不可以复制的，
  想要做出成绩，
  就要避免盲目跟风，
  沉下心来做事。

# 第十八章
## 有主见，绝不道听途说

## 一　不要盲目追随别人，应当学会有主见

美国约翰·霍普金斯大学建校之初只接收男性学生，后来决定接收女学生时，一个不赞成男女同校的人发布了一个耸人听闻的消息，说霍普金斯大学 1/3 的女大学生最后都嫁给了该校老师。一石激起千层浪，舆论顿时一片哗然。后来，有一位记者亲自到该校调查，终于使真相大白于天下：该校总共有 3 名女生，其中 1 人嫁给了该校老师。

同样地，春节前夕，某调查机构"随机"在路边采访了 5 位路人，其中 3 人说春节不打算回老家过年，于是该机构由此得出结论：今年有 60% 的人春节无意回乡。可是面对火车站那黑压压的人头，这个数字看起来十分诡异。

数据统计是一门神奇的语言，面对社会上形形色色的数据，团员要有一定的鉴别能力。

### 1. 数据会说谎，但你不能人云亦云

日常生活中随处可见统计数据的魅影，比如在电视广告里，某牙膏"能使蛀牙减少 23%"；某清洁剂"除菌率高达 99.9%"；某香皂"受到 95% 专业人士信赖"……对于这些数字，人们大多不会去认真计较。

严谨的数据统计，要求研究人员采集尽可能多的样本以降低误差，力求数据真实准确。遗憾的是，有一些不负责任的人，利用人们对统计数字的习惯性信任，人为地制造数据，操纵统计结果，混淆视听。

2011年10月，美国国会提起一项议案：一个外国人如果能在美国购买总价50万美元以上的住房，便可以获得居留签证，以此刺激美国房地产经济。这项提案一经报道，立即吸引了不少中国人的目光。

几乎与此同时，胡润研究院10月份发布了《2011中国私人财富管理白皮书》。白皮书显示，中国拥有1000万元以上身家的富豪中，14%的人目前已移民或者正在申请移民，还有近一半的富豪正在考虑移民。

此报告一出，顿时掀起轩然大波，"富豪移民潮"成为网上热议的话题，有人欢喜有人怒。但当这股风潮过去，人们开始理性地思考这个报告是否准确、可靠。

根据2011年4月份胡润研究院自己发布的调查报告，中国千万富豪人数达96万人。如果要准确得出"14%的人目前已移民或者正在申请移民当中，还有近一半的富豪正在考虑移民"的结论，胡润研究院的调查统计工作将会是一个非常巨大的工程。然而，这份报告的结果，只不过是2011年5月至9月期间，胡润研究院在全国18个重点城市中，挑选了1000个千万富豪，然后从980份有效问卷中计算得出的。

## 第十八章
### 有主见，绝不道听途说

用不足1000份的问卷调查来测算96万名富豪的移民情况，这结果肯定难以服众。有意思的是，报告发布后，很多媒体和公众对于报告的结论深信不疑，网上探讨"富豪移民潮"来临的声音，更是迅速淹没了对这份报告的质疑之声。

大众迷信权威自古有之，因为人们总觉得那些名人、权威机构比我们知道的多，也会对自己发布的消息负责。像胡润、福布斯这类机构已经在中国运营多年，做的都是统计工作，久而久之就成了统计界的权威，大众对他们发布的统计数据，接受度很高。因此，他们在中国已经取得了一定的话语权和影响力，对我们的社会生活和经济生活可以产生一定的影响。

面对扑面而来的"权威"信息，团员青年需要睁大眼睛，提高警惕。长期以来各种假冒公职部门进行的"电话诈骗""短信诈骗"就是明证。现在，媒体上各种各样的统计数据和我们的生活息息相关：农产品价格趋势，某品牌的市场占有率，节假日出行人数，等等。这些数据影响着人们日常生活的方方面面。其实，大多数人都有防骗意识，只不过有时候不愿意过多深入地思考，只好被动地接受信息。因此，我们团员应该养成"求证"的习惯，不能人云亦云。

但有的东西迷惑性太强，防不胜防。比如某个注册会计师培训机构，说今年经他们培训的人员的考试通过率比去年提高了50%，是不是很有吸引力？而真实的情况可能是，这所学校去年有两个人通过了考试，今年增加了一个，共有3个人，而这所培训学校的考生总数是100人。我们不能因此指责他们说谎，因为50%的增长并非纯属虚构，只不过他们隐瞒了更重要的事实。

如何做到既不盲从又有主见？《统计数字会撒谎》一书的作者达莱尔·哈夫为我们提供了一个方法，在看到某项统计数据时，牢记5个问题：

（1）是谁说的？

（2）怎么得出来的？

（3）有没有遗漏了什么？

（4）有没有偷换概念？

（5）这个资料有没有意义？

通过探寻这5个问题的答案，人们就能初步判断自己得到的统计数据是否真实可信，团员们可以尝试一下这个方法。

### 2.不做乌合之众，要关注问题的本质

你去拜访一个同学，发现他家里挂了一个非常漂亮的鸟笼，但是笼里却没有鸟，这时你通常会问：怎么没有鸟呢？你的同学如果说自己从来没养过鸟，那你马上会追问：你不养鸟弄个鸟笼干什么？如果每一个去他家里的人都问同样的问题，你的同学会逐渐在无休止的解释中失去耐心，他要么把鸟笼收起来，要么真的养只鸟。

为什么鸟笼就必然要有鸟呢？这是惯性思维在作祟。惯性思维常会造成思考盲点。心理学上有一个"光环效应"，用一个成语解释就是"爱屋及乌"。比如你因为喜欢一个人，就会连带喜欢他的一切。厂商喜欢找明星做代言，就是这个道理。对此，想必大多数

# 第十八章
## 有主见，绝不道听途说

的团员青年都有亲身经历。

有时我们也会遇到这样的情况，一个同学说出一个观点，你不同意，他就会立刻声明说，这是某某专家说的，专家肯定比你见识广，所以你的观点是错的。另外，有些人提出一个观点，乍听上去，合情合理，但经不起推敲。

2008年，在一次由美国福特基金会资助的"粮食安全与耕地保护"课题学术成果发布会上，一位著名经济学家提出了一个观点：中国保18亿亩耕地红线没必要。这位经济学家主要依据三点：

第一，中国已经解决粮食的生产和分配问题，不会发生饥荒。并举例说"我国改革以后的三十年人口增加了45%，粮食产量增加了60%，而耕地是减少的"。因此，可以说耕地和粮食产量之间没有直接关系。

这话乍一听上去，也有几分道理。得益于技术进步，粮食的产量是在增加，但是能无限制地增加吗？如果没了耕地，去哪里种大米？技术再高往哪里用？开发月球估计没这么快。或者我们以后发明人造粮食，用化学工艺合成大米白面？

第二，国外有足够的粮食生产和全球化市场。这位经济学家称，就算中国发生了饥荒，也不用怕，去买呀！买谁的？这有两个问题，一是粮食问题是天大的事，是一个国家的战略储备，再贵也得买，你现在有钱可以买，那以后呢？二是你想买人家就卖给你吗？俄罗斯等几个国家曾经禁止粮食出口，如果买不到粮食，大家都没饭吃，社会能稳定吗？

## 向着太阳前进
### 做最好的团员

第三，耕地保护会导致房价大涨。房价飞涨的原因，大家从网上查查就可以找到好多条。有一个关键问题：中国缺房子吗？中国不缺房子，只是房产资源被少数人占有了，我们努力的方向应该是解决资源分配的问题，而不是在中国所有的土地上都盖上房子，那样，房价是降了，但肚皮空了。

还有一个现实，全球每年粮食交易量总共才有2亿多吨，而我国每年粮食需求量为5亿吨，这谁供应得起？到时物价岂不是要飞到天上去？

网上曾经流行一个段子：一个小国领袖来到美国进行访问，小布什总统热情地接见了他。小国领袖对美国能取得如此大的经济成就非常羡慕，他问："布什总统，你们是如何取得如此大的经济成就的呢？"小布什回答道："那是因为我国有许多杰出的经济学家。"小国领袖不解："我国也有许多经济学家，但我国的经济却越来越糟，这是为何？"小布什得意地说："经济学家会撒谎，他们说话时你得分清他们是不是在撒谎。"小国领袖忙问："这如何分辨呢？请不吝赐教。"小布什神秘一笑："经济学家其实都很诚实，不善于撒谎，你只要注意他们的嘴，只要他们的嘴一动，就表明他们在撒谎！"

幽默归幽默，却告诉了我们团员一个道理，不要习惯性地同意或追随别人，不管这个人是谁，要多求证，探求问题的本质。举个例子，现在股评专家多，很多炒股者都希望借到他们的"吉言"，结果因为发财心切，反而上了骗子的当。著名作家马克·吐温就把

# 第十八章
## 有主见，绝不道听途说

这个问题看得很透彻："10月是炒股十分危险的月份，其他危险的月份有7月、1月、9月、4月、11月、5月、3月、6月、12月、8月和2月。"

## 二 遇事冷静分析，不要道听途说

在生命的进程中，我们会遇到很多人，碰到很多事，有很多问题需要我们去冷静面对。比如，读大学选择专业时，要面对是遵循自己的兴趣还是父母的意愿的选择；大学毕业时，要面对继续深造还是参加工作的选择；参加工作后，要面对是留在一线城市打拼还是回老家工作照顾父母的选择。人生每一次重大决策，都需要我们去冷静地分析、应对。只有从容沉着地思考、分析，才能在重要关头做出一次次正确选择，才能成长为最好的团员。

### 1. 不要以别人的选择作为你抉择的标准

现在，青年参加各种技能资格考试的热情很高，比如建造师证、消防证、保健师证、人力资源管理师证等，以求在找工作时增强自己的竞争力。所以一人手持多本资格证书的青年并不少见，有人甚至是"考证型人才"。

中国自古就有"技多不压身"的老话，其实，如果是从自身兴趣出发，或为自己的专业发展需要而去考证，这是好事。可问题是，现在好多人之所以多考个证，纯粹是怕自己被落下而跟风。

要知道，对用人单位而言，他们要的是有真材实料的人。举个例子来说，有的人有保健师证，但自己的日常吃喝却百无禁忌，有的人生活中有驾驶证而从没真正开过车。不少人花了大量的时间和金钱去考证，结果在找工作时发现没什么用，或者工作后被用人单位发现名不副实。造成跟风考证的主要原因是缺乏主见，盲目从众，别人选择什么自己也选择什么。所以，每个团员在做这类选择时，一定要慎重，不要听风就是雨，要三思而后行。我们来看看《中国植物志》背后的出版故事。

《中国植物志》曾获国家自然科学奖一等奖，是一部浩瀚巨著，全书共有5000多万字，总计80卷126册，共记载了301科3408属31142种植物，绘制有9080幅图。它是目前世界上已出版的篇幅最大的和记载植物种类最多的植物志，也是目前关于中国植物资源最权威的参考工具书。这部对国家和全球的可持续发展有重要意义的科学巨著，是由中国四代科学家用半个世纪的时间甘于寂寞、无私奉献潜心编研出来的。

《中国植物志》从首卷出版到全部完成，历时45年，经历了共和国的风风雨雨，先后共有83个单位参与编研工作，总计312位植物学家和164位绘图人员为其奉献了青春和热血。在《中国植

## 第十八章
### 有主见，绝不道听途说

物志》的获奖者名单里，虽然只列了 4 个单位和 10 位专家的名字，但是背后那些默默无闻的英雄，他们的功劳不会被忘记。

彭华参与了《中国植物志》第一卷的编研工作。在他看来，《中国植物志》的巨大成功，依赖于学科的长期的、大量的、历史性的积累，依赖于大量工作者踏踏实实地做好最基础的工作，包括到野外进行实地考察、记录和研究，这些工作在外人看来都极其枯燥。如果耐不住寂寞，心里不热爱这份工作，一个人是很难坚持下去的。

《中国植物志》的副主编陈心启研究员说："现在很多年轻人，不愿意从事这份很死板、很艰苦但却很有意义的工作。"应该说，年轻人会承认这是份有意义的工作，但是意义不能当饭吃，看着别人灯红酒绿的生活，哪个年轻人心里不会起点波澜？所以，抗得住寂寞的人才是真正的英雄。

就算年轻人有心在这个行业发展，面对不同的工作发展前景，也会做出倾向性的选择。比如，即使在同一个植物研究所里，不同的工作发展前途也不一样。从事植物化学研究的人，一年可以出几十篇论文，容易提职称；而做传统分类工作的，既辛苦晋升又慢，跟前者相比，前途非常不光明，年轻人大都不愿意干。不过，也有醉心于此项工作的，担任《中国植物志》编委长达 32 年的老科学家李锡文介绍说，有这样一个科研工作者，特别能吃苦，要是在野外看到好东西，天黑了都舍不得回来。

吴征镒，《中国植物志》第四任主编，一位痴心于植物学的老前辈，20 世纪六七十年代他被派去烧锅炉，在烧锅炉的 3 年里，他

## 向着太阳前进
### 做最好的团员

仔细校对植物名称，写了4本厚厚的笔记，后来整理出版为3卷本的《新华本草纲要》。

科研工作要有坐冷板凳的精神，不能急功近利，不能浮躁，长期坚持下去，才能有所建树。《中国植物志》的完成，就体现了冷板凳精神，试想，一个人整天想着如何提职称，想着房子、车子、票子，怎么可能静下心来做研究呢？

青年人渴望成功，希望有个"有钱途"的好工作，这可以理解，但欲速则不达。不要为社会上的一些浮躁言论所迷惑。每一个团员应该静下心来，仔细分析自己的处境，眼光长远一些，不要走上岔路，以致努力全废。

### 2. 冷静才是制胜的王道

2019年11月30日晚，一名3岁女童不慎跌落鹤山区某酒店院内的深井中，卡在井下20米处，情况十分紧急。由于井口直径只有30厘米，在场的成年人员无法下井展开救援，只能一边想办法，一边寻找比较瘦的志愿者。这时一位男孩来到现场，表示自己可以参与救援，虽然他的肩宽、腰围都符合下井条件，但他才14岁。在与男孩父母协商并与男孩确认后，消防部门同意让男孩参与救援。

现场医护人员检查了男孩身体状况，消防官兵也对男孩进行了突击培训。最终，这名小志愿者在消防人员的指导下，多次倒挂入井，将女童安全救出。这个男孩就是山城区明星中学九年级4班的学生——王泯燃。

## 第十八章
### 有主见，绝不道听途说

　　这件事后，经常会有人问王泯燃，多次倒挂入井是否害怕，王泯燃说，他当时只是想救人，并没有想那么多，觉得这是他应该做的。"当时，那个小女孩儿哭着对我说'哥哥，你别走，我害怕'，我只觉得心情很沉重，同时暗下决心，一定要把这个 3 岁的小妹妹救出来。"王泯燃的母亲虽然在救援过程中十分担心儿子，但她事后说："我为儿子的勇敢感到骄傲，他的行为也给我上了一课。"

　　因为勇敢的救人之举，王泯燃被评为"2020 年河南省新时代好少年"，给他的评语是"冷静不怯场，勇敢不慌张，少年王泯燃，挽救了一条鲜活的生命，也温暖感动了寒冬里无数人的心……"

　　生命之路漫长，每个团员都可能遇到意想不到的突发状况，情绪紧张在所难免，这是自然的反应，并不是要大家不分青红皂白都去当"孤胆英雄"，去"逞能"。只是当我们遇到类似的事件时，要先冷静下来，分清什么是可以做的、应该做的，勇敢地服从自己的良知和理性判断，从而做出正确抉择，如同英国作家狄更斯在《荒凉山庄》一书中所说：不管发生什么事，都要冷静、沉着。

第十九章

# 说话掷地有声，做不到就不要说

- 在遇到紧急的事情时，我们往往脑袋一热，
  就开始大包大揽，
  等冷静下来，
  才发现自己话说得太满，
  那时再去向别人解释就很难了。
  我们应该牢记鲁迅先生的话："我想，大话不宜讲得太早，
  否则，倘有记性，将来想到时会脸红。"

## 第十九章
### 说话掷地有声，做不到就不要说

## 一　不要空口说大话，更不要轻易许诺

顾炎武曾赋诗明志："生来一诺比黄金，哪肯风尘负此心。"中国人一向讲求慎言慎行，把一个人的行为与人品捆到一块儿。但老有人批评中国人没有契约精神。古人做事大多以口头承诺为主，没有凡事签合同的习惯，至今我国广大农村还是这样的做事风格。其实，这不能证明中国人没有契约精神，正相反，中国人对契约精神的要求很高，是以人品作担保的。如果一个人失信，在大家的眼里这个人就不值得交往，正如孔子所说：人而无信，不知其可也。

实际上，每个人都会有点儿虚荣心，吹牛、说大话是常有的事，但是有些人喜欢把话说得太满、牛皮吹得太大，明知这件事自己做不到，依旧满口答应下来。试想，当牛皮吹破了，如何面对当事人的质问？

#### 1. 说出去的话，泼出去的水

当年姚明刚进NBA（美国职业篮球联赛）时，一些所谓的NBA专家们十分质疑他的能力。在姚明代表火箭队出战湖人队的比赛之前，在电视台做转播嘉宾的昔日NBA大球星巴克利，与自己的评论搭档打赌说，如果姚明在任何一场比赛里，能拿到19分以上，他就亲吻主持人肯尼·史密斯的屁股。

## 向着太阳前进
### 做最好的团员

结果姚明在与湖人队的比赛中，9投9中，总共拿下20分。为了让巴克利兑现自己的诺言，主持人史密斯先是拿出自己的照片（从屁股底下），还有自己的一个小模型，让巴克利选择，但是巴克利拒绝了，这时史密斯牵出了一头驴，巴克利犹豫了片刻后，有生以来第一次亲了驴屁股。

有的团员爱说大话，我们倒也不必大惊小怪，他说他的，信不信由你，大不了当个笑话，倒也不会产生什么损失。但是，如果"牛在天上飞，原来是你在吹"，老是承诺这承诺那，结果总是办不到，就会逐渐失去大家的信任，进而不敢把重要工作交给你，这样的话，你会失去很多机会。

在工作中，有时我们会遇到这样的人，领导交待给他一件事，他拍着胸脯说没问题，保证完成任务，说不定还会来句"我办事，您放心"。但是过了好几天，丝毫不见他的"捷报"，领导去问，他又会面露难色地说："我没想到这件事情难度这么大……""不过，您放心，以后别的事我一定给您办好！"领导虽然嘴上不说什么，可心里肯定有不满，认为这人"只会耍嘴皮子"，以后有什么重要的事肯定不会再找他了。

俗话说："没有金刚钻，就别揽瓷器活。"如果每个团员能做到在领导分配任务时，用心仔细分析一下可能会出现的困难，并合理许诺，而不是急于显示自己的本事，那么即使做得不完美，领导也会理解。更为严重的是，如果你在一件非常重要的工作上夸了海口，却没有做到，那后果会很严重。三国时的马谡就是这样出事的。

# 第十九章
## 说话掷地有声，做不到就不要说

刘备曾对诸葛亮说，马谡这个人"言过其实，不可大用"，提醒诸葛亮慎用，但聪明一世的卧龙先生，竟一时糊涂，在第一次出兵伐魏时，把守街亭这样关键的任务交给了他，当时马谡的话说得非常满："休道司马懿、张郃，便是曹睿亲来，有何惧哉！若有差失，乞斩全家。"最终街亭却很轻易地被丢掉了，让诸葛亮极其被动，不得不冒着生命危险搞了一出"空城计"，总算吓退了司马懿。

在平常的生活工作中，团员之间说个大话基本上不会闹得像马谡那样丢了性命，但是这种坏习惯会影响你的形象，甚至你的职业前途。谁愿意把自己的时间浪费在一个只会说大话、却不会去践行的人身上呢？

### 2. 不要轻易承诺，不是让你拒绝承诺

不要轻率地承诺，是要我们清醒地认识自己的能力，不要为了面子、虚荣心等理由去答应自己做不到的事。团员青年们如果明知办不到，就应向朋友或领导说清楚，大多数人都是通情达理的，千万不要打肿脸充胖子，不负责任地许诺。

有一种人，从来不做承诺，也有一些人，是害怕承担责任，老想着给自己留一条后路，事情做成功了，好处是他的，如果事情失败，他就可以撇得一干二净。所以，从这个角度讲，承诺是勇敢者的游戏。

马伟明，一位具有传奇色彩的技术专家，他获得的荣誉可以列出一长串：41岁成为中国工程院最年轻的院士；攻克了近千个制约国家发展的重大技术难关，有20多项研究成果为"世界首创""国

## 向着太阳前进
### 做最好的团员

际领先"。

潜艇,航母的敌手,象征着一个国家现代化工业水平和国防实力。中国某新型潜艇配备的"心脏",就是马伟明团队的研发成果。马伟明一向提倡要自主创新,尤其是核心技术,如果依赖进口,必定会受制于人。因此,当他知道国产新潜艇要购买进口发动机时,忧心忡忡,着急上火,他找到相关领导,提出自主研发的计划,领导对马伟明的想法非常支持,只有一个要求,那就是必须保证百分之百的成功。开弓没有回头箭,尽管知道难度很大,马伟明仍然硬着头皮接受了这个任务。

在接下来的时间里,马伟明带着他的团队,像上足了马力的发条,反复设计、试验,在奋战了无数个日夜后,终于取得了重大突破,只要试验成功,就可以投入生产。试验的结果表明,他们的各项技术指标优于国外同类设备。

后来,马伟明院士发现某舰船特种电力技术当时只有个别发达国家掌握,别的国家有我国却没有的尖端技术,就是科研工作者必须要完成的必须要攻克的难关,马伟明又啃起了硬骨头。他率领自己的团队,经过长达5年的反复实践,终于完成了样机研制和试验。43项关键技术全部被攻克,还申报了32项国防专利。

在参加这项成果鉴定会时,7位院士和80多位知名专家学者激动得热泪盈眶,因为这个成果对中国来说,不亚于"两弹一星"。这绝非夸大其词,在此之后以马伟明院士的研制成果为核心基础,一系列高科技、关键武器的瓶颈技术被迅速突破,激光武器上舰、

# 第十九章
## 说话掷地有声，做不到就不要说

航母舰载机的电磁弹射、电磁炮等均成为可能，中国海军走向深海不再遥不可及。

以上任何一项专利拿出去，都可以让马伟明院士财源滚滚，但他只象征性地收取了1%的技术转让费，此举为一家电厂节省了10多亿元。"我的想法很简单，就是要让'中国创造'在世界高科技领域占有一席之地。"这就是马伟明院士敢于承诺并拼尽全力兑现承诺的责任感和使命感。

承诺难，有挑战的承诺更难。马伟明用他的实际行动告诉我们，既然许下承诺，就要全力以赴，不达目的不罢休。我们每个团员都要向马伟明院士学习。

## 二 说到做到，言而有信才能得到尊重和认同

唐朝人张弧著述的《素履子·履信》中有云：天失信，三光不明；地失信，四时不成；人失信，五德不行。

一个人不讲诚信的人，在社会上将难以立足，他可能得到一时之利，但终将付出沉重代价。谁都愿意跟讲诚信的人交朋友、做生意，也更愿意帮助那些讲诚信的人。诚信就是无形资产，这种资产越多，

威信就越高。最好的团员必须是言而有信的人。

### 1. 守承诺，情义无价

"得黄金百斤，不如得季布一诺"的美谈，表达了对信守承诺的人的赞美和向往。今天，也有一个关于承诺的传说，之所以说它是传说，是因为这个承诺已经被坚守了120多年。

1877年6月，当时的湖北监利县汪家垸发洪水，村民万作柱携带一家老小逃荒来到大沙河，善良朴实的村民收留了他们。由于地处深山，这里的村民出行全靠家门前绝壁峡谷中的一个渡口。但渡口只有几只小木船摆渡，而且船只简陋，每年都有村民不慎落水身亡，给当地人的生活造成很大不便。看到村民们的艰难，心地善良的万作柱很受触动，他自幼深谙水性，如果能为村民们做点事，也算报答村民们的收留之恩。于是，在与妻子商议后，万作柱卖掉了家里的两头肥猪，用赚来的钱造了一只大木船，从此免费为村民摆渡。

村民们也被万作柱的壮举感动了，他们经过商议后一致决定，从村里划出5.7亩良田，赠给万作柱，作为对他的一种补偿，并免收租息税赋。村民赠的土地，让万作柱有了养家糊口的保障，之后他便专心为村民摆渡，不收一分钱，随叫随到。就这样，日复一日，年复一年，一晃40年过去了，万作柱从一个壮年汉子变成一个满头白发的老人。

1925年7月，万作柱病危，自知大限将至的他，在临终前一再

# 第十九章
## 说话掷地有声，做不到就不要说

叮嘱自己的儿孙，一定要将义务摆渡进行下去："做善事是我们万家的美德，义渡是百姓定的规矩，千万要守信……"

老人过世后，长子万术材接替了父亲的工作，风雨无阻地为村民们义渡了10余年。在此期间，有感于万家的信义，当地村民中也有人参与过义渡工作，不过都没有坚持下来。这工作既艰辛又危险，时间长了身体和心理上都难以承受，所以参与义渡的村民有的干了十来天就退出了，最长的也没坚持过1年，可见这件工作的难度。

后来，万术材因患病无力为村民继续摆渡，就将这项工作交给弟弟万术荣。万术荣摆渡40年后离开渡船，义渡重担传到第三代摆渡人万其珍手里。万其珍是万术材的长子，少年时常在父亲和叔父身边帮忙，也掌握了一手娴熟的撑篙技术。自从万其珍1989年从叔父万术荣手中接过篙杆，从此22年风雨无阻，为村民义渡。更令人唏嘘的是，在万家三代人义渡的100多年里，没有出现过一次安全事故。

如今，老万家还在传承着祖上的承诺，虽然生活艰苦却从没有放弃。有人看到了渡船的商机，劝诱万其珍老人与他合伙生财，不要再免费送村民过河，如果每次摆渡一人收一元钱，那么按照现在渡船渡人的数量，初步估算下来相当于月薪过万了，这个金额在当地可是相当可观。但万其珍老人一口回绝："我老万家的人说话要算数。"

万家几代人一不为名，二不为利，默默为村民义渡，只为"信义"二字，这在功利主义喧嚣的今天，最是难能可贵，值得我们每个团

## 向着太阳前进
### 做最好的团员

员敬佩。

**2. 坚守住对自己的承诺，用生命说话**

"只要对老百姓好，我就干。"

2011年1月4日，李文祥老人家来了几位到范县看望慰问困难群众的河南省委书记卢展工及其随行人员。在闲谈中，卢展工注意到李文祥年轻时的一张画像，画像中的李文祥，身佩一枚枚军功章，英俊威武，就好奇地问李文祥都立过什么功，能不能看看。李文祥小心翼翼地捧出一个已经破旧的小布包，卢展工打开后一看，真是不得了，里边是各种各样的奖章和证书：特等功、一等功、二等功，战斗模范、特等人民功臣称号，解放奖章，等等。人们当场震惊了，这才发现，他们身边竟然有一位战斗英雄。

1948年，李文祥刚23岁，就参加了人民解放军，从此随着部队转战各地，从华野到三野，度过9年的军旅生涯。在此期间，他参加过6次战役，经历过无数战斗，从中国内地一直打到台湾海峡，屡立奇功。

鲜花和掌声随之接踵而来，但李文祥老人却直言后悔，他说当时要是知道看望他的人是省委书记，就不把自己的小布包拿出来了，结果弄得很多人都来关心慰问他，让他觉得给国家添了麻烦。但是说起冒着生命危险参加的那些战斗，老人却坦然无悔，有人问他在冒死冲锋时，有没有想过自己会死。李文祥说："锯响就有末儿，战场上哪能不死人的。真死了就死了吧，反正是为人民而死。"

## 第十九章
### 说话掷地有声，做不到就不要说

正是因为有了这些愿意为人民而死的热血儿女，中华民族才会数千年屹立不倒，他们的青春在对人民的承诺中，在对自己的承诺中，爆发出了最耀眼的光华。

那一枚枚得之不易的军功章，都是用鲜血和生命换来的荣誉，足以光耀门楣，足以福荫子孙后代，但是就是这样一位可以名垂青史的战斗英雄，却刻意掩藏了自己的光芒，返回家乡，当了50年的农民。这50年间，不管生活如何穷困，他都始终把自己的小布包藏在抽屉的一个偏僻角落，从不示人。

那是1962年，正是国家经济最困难的时期，政府号召干部精减下放，到农村去搞建设，李文祥立马跟领导表态，要求回乡务农，此时他37岁，准备着回河南老家支援农村建设。

李文祥的老家是河南范县白衣阁乡北街村，他回乡后不久被选为生产队长，当时的北街村，到处都是盐碱地，庄稼长不好，村民当然也吃不饱饭。看到这种情况，李文祥一股倔劲儿就上来了，他说："我就不相信，改变贫穷比打仗攻山头还难！"他决意要为乡亲们找出一条活路来。

说得出就要做得到，李文祥每天绞尽脑汁想着怎样让乡亲们吃饱饭。因为以前在南方工作过，觉得水稻产量高，他就带领乡亲们引黄河水种水稻。他日夜忙活，在国家最困难的时候，不但完成了队里的粮食指标，还让乡亲们吃上了饱饭。

1984年，范县民政局按照相关国家政策，开始给他发退职救济费，每月26.48元。1985年，他在福建的原单位确定每季度给他寄发退职补助费。李文祥马上坐不住了，他拿着收据找到县民政部门，说自己不能昧良心两头拿钱，让国家吃亏。

回到家乡后，无论遇到多大的困难，李文祥从没有向组织提出过任何要求，隐功埋名50年，全村的人，甚至连生活多年的老伴和女儿都不知道他的功绩。当地民政部门曾前后12次核查、普查优抚对象，但李文祥老人自填的表格都是空白，对自己曾经的功劳没写过只言片语。与动辄叫嚣"我是××长"的相比，李文祥老人如星辰一样，见证了人性的高洁。

作家二月河盛赞李文祥老人说："富贵不能淫，贫贱不能移，威武不能屈，平淡不能泯。能做到其中一条就很不易，但李老全部做到了。"

守住对自己的承诺最难，因为你只需要对自己的心负责，你可以随时改变，随时放弃，"一个人，得说到哪儿做到哪儿"，李文祥老人的话铿锵有力，并以自己的行动兑现了自己的诺言。

不管是在战场上，还是在平淡的农村，李文祥老人都是英雄，我们要学习他那种坚守心灵承诺的精神和品格，不管是在学校，还是在工作岗位上，都牢记自己的誓言，永远做最好的团员。